创新人才培养

孙中胜 王子宁 著

清华大学出版社
北京

内容简介

本书采用案例教学,以抛砖引玉的方式介绍 TRIZ、头脑风暴法等经典发明、创新的理论和方法。以案例方式介绍历史上创新巨人的经典创新故事,论述兴趣和好奇心、灵感、勤奋、严谨、坚持对创新意识培养的意义。

书中归纳了创新能力涉及的知识、团队协作、试验观察和思考等,创新创业能力涉及的应用需求、市场需求和创造需求;并结合作者多年来指导、组织、承办的大学生信息与电子类学科竞赛和评审参赛作品的经验与体会,对创新实验室建设、智能车竞赛、电子设计竞赛和中国大学生计算机设计大赛给出了一些具体的指导性建议;还借用参赛学生在创新实验室学习、在赛场上竞赛的切身体会,说明学科竞赛是创新能力培养的实践锻炼,是创新人才培养的摇篮。

本书可作为大学生创新创业教育、创新意识与创新能力培养的教程,也可作为高中生和大学生等有志创新者的参考书。

图书在版编目(CIP)数据

创新人才培养/孙中胜,王子宁著. —北京:清华大学出版社,2022.8
ISBN 978-7-302-61141-7

Ⅰ. ①创… Ⅱ. ①孙… ②王… Ⅲ. ①创造型人才-人才培养-案例-中国 Ⅳ. ①C964.2

中国版本图书馆 CIP 数据核字(2022)第 110345 号

责任编辑:袁勤勇 常建丽
封面设计:傅瑞学
责任校对:郝美丽
责任印制:刘海龙

出版发行:清华大学出版社
   网   址:http://www.tup.com.cn,http://www.wqbook.com
   地   址:北京清华大学学研大厦 A 座 邮 编:100084
   社 总 机:010-83470000   邮 购:010-62786544
   投稿与读者服务:010-62776969,c-service@tup.tsinghua.edu.cn
   质量反馈:010-62772015,zhiliang@tup.tsinghua.edu.cn
印 装 者:大厂回族自治县彩虹印刷有限公司
经 销:全国新华书店
开 本:170mm×240mm   印 张:11.25 字 数:180 千字
版 次:2022 年 9 月第 1 版   印 次:2022 年 9 月第 1 次印刷
定 价:48.00 元

产品编号:096535-01

前　　言

创新人才培养涉及创新意识培养和创新能力培养两大方面。

创新意识的培养关键在于兴趣和好奇心的培养,在于勤奋严谨和持之以恒精神的培养。

创新能力的培养关键在于知识的学习,团队协作精神的培养,在于磨炼敏锐的试验观察能力和深入思考能力,在于经历创新实践的锻炼,从而把自己培养成"专博"或"博专"型的创新人才。

本书分为两篇(共 10 章),从创新意识和创新能力两大方面论述创新人才的培养,采用案例教学,以抛砖引玉的方式介绍 TRIZ(发明问题的解决理论)、头脑风暴法等经典发明、创新的理论和方法。第 1 章论述发明创造与创新的关系;第 2 章以兴趣是创新的动力论述兴趣和好奇心对创新意识培养的意义;第 3 章以创新成功之父论述灵感对创新意识培养的意义;第 4 章以创新成功之母论述勤奋、严谨和坚持对创新意识培养的意义;第 5 章以知识是创新之本论述创新能力培养的意义,强调基础知识对创新的重要性,兴趣与高考志愿填报的关系;第 6 章和第 7 章以 IT 产业的经典案例介绍创新创业应从应用需求和市场需求,以及创造需求中寻取创新项目;第 8 章和第 9 章以案例方式论述团队精神、观察与思考对创新能力培养的意义;第 10 章引用参赛队员在创新实验室学习、参加竞赛中提升了自己的知识水平和创新能力的体会,说明学科竞赛是创新实践的锻炼,是培养创新人才的摇篮。

作者自 2008 年开始接触大学生信息与电子类学科竞赛,十多年来参与学科竞赛指导,组织学科竞赛,承办学科竞赛,评审省级和国家级的参赛作品,与大学生竞赛结下了不解之缘。作者曾深深被 IT 发展史中的经典故事所激励,在与参赛学生的密切相处中,又深深为参赛大学生勤奋、吃苦的拼搏精神所感染。在此，本人结合自己的经验和体会，对创新实验室建设、智能车竞赛、电子设计竞赛和中国大学生计算机设计大赛，提出一些可能不够成熟的指导性建议。首都医科大学燕京医学院的王子宁在本书编写过程中协助查询和整理资料，并给出建设性建议。

在本书的编写过程中，得到很多人的帮助，在此特别感谢卢湘鸿教授、郑骏教授，以及创新实验室的同学们。

本书可作为大学生创新创业教育、创新意识与创新能力培养的教程，也可作为高中生和大学生等有志创新者的参考书。本书可以说是《圆你创新人才梦》的改版。

由于本人水平有限，书中不妥之处，恳请读者批评指正。

2021 年 10 月于黄山

目　录

第 2 篇　创新能力培养

第 1 篇

创新意识培养

创新（Innovation）：人们为了生存和发展的需要，运用已知的信息和物资条件，打破常规，本着理想化需要或为满足社会需求，改进或创造新的事物、方法、元素、路径、环境，并获得有益效果的行为。

创新意识：创新的特定思维形态，指人们面对社会和个体生活需要，自觉地、能动性地引发创造新事物或新观念的思维动机，在创造活动中表现出的意向、愿望和设想。创新意识是创新思维的前提和条件，创新型人才必须具备创新意识，才可能产生出创新成果。

创新意识代表一定社会主体的奋斗目标和价值取向，是唤醒、激励和发挥人潜在（创新）能力的精神力量。

什么是科研？什么是创新？简单的表述是：

科研是用金钱创建科学知识，创新是用科学知识创造财富。

科学研究需要投入资金，越是基础性的科学研究，资金投入量越大，即人们花费大量的人力、物力和自然资源进行一系列的基础性研究，目的是找寻自然界的发展规律——创建自然科学知识；人们花费大量的人力、物力研究伦理、经济和艺术——创立人文科学知识。为了获取自然科学知识和人文科学知识，需要大量的人力、物力和自然资源，即大量的金钱投入科研。

创新者利用所掌握的知识，在创造性思维的促使下为了满足人们生活的需要和对美好生活的追求，实现了各种各样的发明、创造及创新。是否创造新财富和美好生活，作为是否创新的衡量标准之一也就无可非议了。

这也就解释了基础研究（创建知识）可以不计成本、不计代价，现代的基础研究一般是集国家和社会力量全力以赴的行为。人们看到，基础研究一旦有所突破，其所引发的创新、所能创造的财富巨大。

科学研究带来知识创新。有关知识创新，百度百科给出的定义是：知识创新是指通过科学研究，包括基础研究和应用研究，获得新的基础科学和技术科学知识的过程。知识创新的目的是追求新发现、探索新规律、创立新学说、创造新方法、积累新知识。知识创新是技术创新的基础，是新技术和新发明的源泉，是促进科技进步和经济增长的革命性力量。

第 1 章　创新与创造

创新,英文单词为 Innovation。该词起源于拉丁语,有三层含义:第一,更新;第二,创造新东西;第三,改变。每个人都具有程度不同的创新愿望、创新能力,以及创新实践。人类的文明社会就是依靠创新和发明才从刀耕火种发展到铁器的使用,进而发展为农业社会;从蒸汽机的发明和创新发展到工业化社会;电子计算机的发明和创新把人们带入信息化社会。人类每一步的重大发明和创新,都带来了社会的巨大进步。

创造(Creation)指人们因为生产和生活的需要,应用已有的知识和信息,制造出以前所没有的新的事物或物品。这是人类有意识地对世界进行的探索性劳动。创造在不同的领域具有不同的习惯称呼。在科学领域,创造称为"发明"或"发现";在工程技术领域,创造称为"革新"或直接称为"创新";在文学艺术领域,创造称为"创作";在体育竞赛中,创造则称为"破纪录"。

1. 创新是人类的本能

创新理论和实践证明,创新是人人都具有的一种潜在能力,这种潜能可以通过一定的学习和训练得到激发和提升。创新是人的本能,每个人都有这样的体验:机械地做某项活动,很快就会感到厌烦,不愿意再继续做;一项工作做了一段时间以后,就会对这项工作心存厌烦,希望调换工作。每个人都喜欢干新鲜的活儿,做新鲜的事。最普通的一件事就是吃饭,每天吃同样的饭菜,不出几天,就提不起胃口,希望改变饭菜,调换口味。这些都说明创新(改变)是人类所具有的潜能,是人的本能。

经过学习和培养,人们可以将自己的创新想法带入创新实践中,取得创新成果;继续提升自己,使自己面对其他事物时也能习惯性地采用创新思维,还可以培养自己达到创新意识的更高境界。正如众多杰出的创新者,他们致于打破旧模式,善于寻找突破点,勇于探索新路径,积极致力于创造性地发现问题,并竭尽全力地解决生产和生活中的应用问题。

2. 创造与创新

1912年,奥地利经济学家约瑟夫·熊彼特(Joseph Alois Schumpeter)首次提出创新的概念,并把创新引入经济领域。熊彼特是这样论述发明和创新的:"发明的形成以及与之对应的创新的实现在经济和社会上是完全不同的两件事。"他认为:"只要发明还没有得到实际上的应用,那么发明在经济上就不起作用。"无论是科学发明还是技术发明,在发明未能转化为商品之前,发明只是一个新观念、新设想;在它们没有转化为新装置、新产品、新的工艺系统之前,不能创造出任何经济价值。按此理论,创新属于经济学范畴的概念,创新必须有收益。根据新创意生产出了新的产品,即使产品很新颖,若不具有实用价值,没有收益,也不能称之为创新,最多只能说是一项发明创造。需求是创新之母,发明不会自动产生创新。所以,从应用需求的角度,创新往往比发明更重要。

熊彼特认为:先有发明,后有创新;发明是新工具或新方法的发现,而创新是新工具或新方法的应用。按熊彼特的创新理论,可以认为发明是创新的必要条件之一,但不是充分条件。发明属于创新的范畴,创新属于人类的创造活动,创新的本质是创造。

熊彼特的理论给出了发明和创新的定义:

科研是用金钱创建知识,创新是用知识创造财富。

发明创造强调首创。一项发明创造在申请专利时,一定要求证这项发明的发明者是不是第一个创造成功的,若此前已有他人做成,就不可能再申请到这项发明的专利了。所以,发明创造在"首创"和"第一"的问题上具有绝对的要求,不允许有任何的异议。发明创造可以不注重社会效益,但必须严格确认是否为"首创"和"第一"。所以,这就有了促进社会发展的积极性发明创造,也有了阻碍社会发展的消极性"发明创造"。

创新注重社会效益,必须能够创造出新的价值。创新不必进行"首创"和

"第一"的求证。创新的重点在于有了创新的实践以后,创新应有实质性的收益。有收益,就归属于创新。并且,创新的收益严格定义为有益于社会的发展,能够促进社会的发展。

综上所述,电子计算机的发明是积极性发明创造,计算机病毒则属于消极性发明创造;核科学和技术的发展和利用是积极性的发明创造,核武器的发展则可归属于消极性的发明创造。

一般来说,创新包括创造,但创新不能代表创造。创造强调首创,强调新颖,强调独特,实现、实施的难度大,获取创造成功的人很少。创新则注重实施技术、实施方法和实施效果,获取成功的人较多。

3. 创新思维

创造性思维:具有开创意义的思维活动,能开创人类认识的新领域,获取人类认识的新成果,表现为有新技术的发明,新观念的形成,新理论的创建,新方案、新决策的提出。创造性思维本身在问题思考的方法和技巧上,往往具有新奇、独到之处。

创新思维:特点是具有相异性、差异性,指以新颖独创的方法解决问题的思维过程。创新思维通常突破常规思维的界限,以超常规甚至反常规的方法和视角思考问题,往往能提出与众不同的解决方案,从而产生新颖的、独到的、具有社会意义的效果。

说别人没说过的话,做别人没做过的事,想别人没想到的都可能是创新。创新能改善工作质量和生活质量,能提高工作效率,甚至仅仅因为其巩固了竞争者的竞争地位,对经济、社会、技术就产生了根本性的影响。创新并非一定要获得全新的东西。旧的东西采用新的包装形式;旧的东西采用新的切入点;总量不变,改变事物的结构;结构不变,改变事物的总量;等等,这些都属于创新。某些边界条件的改变(如新技术的发明,像集成电路、计算机、互联网、人工智能、手机)或政策的改变(如改革开放),能够促进大量创新及创新成果的产生。如今,手机已是人们生活中不可或缺的必需品。出门忘记带手机是一个大问题,人们出门时,都会习惯性地检查一下是否带了手机。一般情况下,若手机忘带了,一定会返身回家,带上手机才出门。

小小一部手机,虽然内含的发明、创造不是很多,但是它所带来的产业很大,内含的创新很多。手机已从原来单一的电话通信功能,发展到短信、推特、微信、网络等综合性的通信应用。

第一代手机,大哥大,模拟语音通信。

第二代手机,2G 卡手机,交谈和发送短信。

第三代手机,3G 卡手机,完成基本互联网接入。

第四代手机,4G 卡手机,完成完全数字通信。

第五代手机,5G 卡手机,万物互联,网速达到 10Gb/s。

……

手机的每一代发展都伴随着一系列的创造和创新,包括手机款式、内置芯片和操作系统(如 iOS、Android、BlackBerry、Symbian 等)。

每一款新手机的推出,都会在原有功能的基础上添加新的功能,有功能翻新即为创新:聊天、语音留言、视频通话、拍照、文字识别、条码、二维码扫描、录像、录音、游戏、手电筒、网页浏览、购物、支付、邮件收发、下载等。此外,手机款式的改变、大小的改变、形状的改变,甚至外壳颜色的改变都属于创新。

分析上述手机的创新,能归纳为创新者(或新的创新者)应用知识,在知识的帮助和指导下利用原有的技术、老的应用实现新的组合,如电话座机通话功能的移动实现、多媒体的应用、电视的视频功能、计算机网络应用等在手机上的应用组合。

方法:视觉上的改变。改变长和宽以及长与宽的比例,应用黄金分割;改变外形,改变颜色(加深色彩或使色彩变浅);改变大小,将原产品增大一点或缩小一点;改变听觉效果,增大音响或减小音响,改换音乐;改变功能效果,增加某项或多项组合,减去某项组合,实行某处替换,改换包装等。

凡是可能与原产品不同的、有所新颖的组合,在视觉、应用上有新的实现,都应(要)不失时机地进行创新的尝试。

可能有人会说:上述创造和创新都是由理工科人员完成的,文科人员没有这么多创新机会。其实,文科人员有同样多创造和创新的机会,甚至更多。例如,比尔·盖茨学的法律专业应属于文科范畴,但是他创立了微软公司,成为执计算机操作系统的牛耳者。

到目前为止,计算机界的成功人士很多是非计算机专业的人士,为非计算机科班出身。所以,非理工科人士的创新机遇并不比理工科的人少。相反,一个理工科人员在媒体艺术、漫画创作、广告设计(含 LOGO 设计)、产品外形设计等偏文科的领域中,鲜有突破性的创造或创新。人们对产品设计的要求是:具有艺术美才是产品设计的最高境界。一般认为,文科人员的思维方式是发散性思维。从创新角度看,发散性思维更适宜培育出创新的想法。经济学家、管理专家属于文科人员,他们的创新,带给人类的往往是更为巨大的财富。

4. 创新型人才

创新型人才:具有创新意识(创新精神)和创新能力者,他们通常灵活、开放、好奇心强,具有充沛的精力,遇事注意力集中、想象力丰富,富于冒险精神,能坚持不懈地克服创新中遇到的困难。创新型人才的基础理论知识坚实、科学知识丰富、治学方法严谨,具有超前的创新意识,敏锐的创新观察力,勇于探索未知领域,具有为真理献身的精神和良好的科学道德。归纳起来,创新型人才具有以下 7 大特点。

(1) 良好的基本道德观,诚信、守时、坚韧、严谨、礼貌。

(2) 学习力、自学力强。

(3) 好奇、敏锐、创新思维超前。

(4) 不甘心未知,勇于探索。

(5) 行动力强,勇于献身。

(6) 懂得付出、舍得付出,知道如何付出。

(7) 有强烈的沟通意识,良好的团队精神。

创新型人才的培养在于创新意识、创新思维和创新能力的培养。创造(发明)对一般人来说,实现的难度较大或很大;创新对于一般人来说具有很多、很大的机遇。

创新人才的创新意识和创新思维由后天的学习、培养、努力和实践而成就。创新人才主要有以下 6 种创新类型。

1) 天才型

天才型的创新属于重大或特别重大类,往往可能建立起一个全新的科学和技术体系。

2）勤奋型

要想取得创新的成功,勤奋是必不可缺的条件。勤奋包括勤奋地学习(力争站到巨人的肩膀上)、勤奋地实验、勤奋地思考和勤奋地工作。

3）灵感型

灵感型的创造和创新一般具有很好的效果,创造或创新的成果往往能给人耳目一新的感觉。一般来说,灵感与勤奋密不可分。

4）实验型

现代科学建立在实验论证基础之上。实验型人才的创造或创新成果一般很严谨,他们会严谨地反复实验,以获得经得起考验的创新成果。

5）苦想型

创新立足于思考,苦想不等于闭门苦思。要取得创新成果,需要广采博纳,需要学习前人的知识、他人的经验,需要勤奋并善于思考。

6）任务型

任务型指有机会参与国家、公司或单位的既定项目。既定项目指产品的开发项目或科研项目,如第一台电子计算机的研制、操作系统的开发等。参与这类科研项目是最好的锻炼机会,是取得创新成果的最好机遇。现在的创新任务的实施必须依靠团队的力量,创新的成功一般是集体和团队行为的结果。

5. 创新思维之敌

创新思维最大的敌人是习惯性思维。思维若成为习惯,一旦进入思维死角(俗称死胡同),处理问题的智力水平将十分低下。

思维定势：受权威、领导(老板)、经验、情感、从众心里等束缚,思维产生严重定势,无法逾越。

下面是一个凭经验和想当然的思维定势例子。

一个人收藏了一把精致的宜兴茶壶,爱不释手,经常拿出来欣赏。一天夜里,他又拿出来欣赏一番,不慎将壶盖掉到地上。他以为壶盖被打碎了,于是忍痛将茶壶扔出了窗外。第二天却发现壶盖掉在拖鞋上,完好无损。但想到茶壶已被扔掉,心中十分懊恼,气愤地将壶盖狠狠往地上一摔,这次壶盖彻底粉碎了。两天后,猛然发现扔出的茶壶完好无损地挂在窗外的树枝上。不看则已,一看,心中的懊恼实在无法形容。或许你我也多多少少有相似的经历吧。

再来看一个习惯性思维、传统性思维的例子。

一位公安局局长正在与一个老人下棋。突然,一个小孩跑进来对局长说:"快回家,你爸爸和我爸爸吵起来了!"老头抬起头来问局长:"这小孩是什么人?"局长说:"是我儿子。"请问,吵架的两人与局长是什么关系?

这是一个典型的思维惯性问题。在思维惯性下,问题十分难解。打破思维惯性,只要想到这个公安局长是女的,答案也就顺势而解了。

最后看一个思维封闭、思想层次低的例子。

"霍布森选择"是一个经典思维封闭的例子。300多年前,英国伦敦郊区有一个人叫霍布森。他养了很多马,有高马、矮马、花马、斑马、肥马、瘦马。他发出告示:他的马可供购买或租赁,大的、小的、肥的、瘦的,全都可以,随意挑选。但是,霍布森的马圈只开了一个很小的门,大的马根本无法出门。人们认真挑选了喜爱自己的马,但是出不了门,奈何!

诺贝尔奖得主——西蒙把这种现象称为"霍布森选择",即思维境界低(门太小)导致思维受限,思维封闭。其结果是,无论你多努力,都无法做出高于境界之事。

6. 国家创新

熊彼特认为:创新的主体是企业家。他认为没有企业家精神,就不会有经济的增长。企业家是行业的引领者,他们孜孜不倦地寻求创新的机会。企业家的功能就是把各种生产要素整合到一个生产组织之中。长期以来,创新只是一种企业家为了企业的生存而为的个人行为;企业若没有创新,它将无法生存,所以有亨利·福特的名言"不创新,就灭亡"。

创新也是一些人由于自己的兴趣而为的个人行为。熊彼特认定的企业家心理包括如下因素:出自对某种活动的热爱、对创造性活动的热爱、对标新立异的热爱、对战胜他人的热爱、对你争我夺游戏的热爱等。他定义了以下企业家行为的5种创新类型。

(1)采用一种新的产品(产品创新),也就是消费者还不熟悉的产品,或具有某种新特性的产品。

（2）采用一种新的生产方法（工艺创新），也就是在有关制造部门中尚未通过经验检定的方法。

（3）开辟一个新市场（市场创新），也就是相关国家的某一制造部门以前不曾进入的市场，不管这个市场以前是否存在。

（4）掠夺或者控制原材料或半制成品的一种新的供应来源（资源创新），不论这种来源是已经存在的，还是第一次创造出来的。

（5）建立任何一种新产业的组织（管理创新），比如建立一种垄断地位（例如"托拉斯"），或打破一种垄断地位。

知识经济的兴起和发展，使经济的发展越来越依赖知识和技术的进步。人们越来越认识到创新的重要性，创新应该是一个多主体、多机构参与的系统行为。

信息社会，创新已成为国家意志，放在全局发展的核心位置。我国确立了立足全局、面向全球、聚焦关键、带动整体的发展战略。

7. 创新等级及 TRIZ

发明问题的解决理论（Theory of Inventive Problem Solving，TRIZ）的内涵为通过解决发明问题最终实现（技术和管理）创新。TRIZ 由发明家根里奇·阿奇舒勒（Genrich S.Altshuller）和他的同事，在分析大量专利发明的基础上创立。到目前为止，国际上已经对超过 250 万项出色的专利进行了研究，大大充实了 TRIZ 的理论和方法体系。该理论体系认为，"真正的"发明专利往往可以解决隐藏在问题中的矛盾，某项发明实践中隐藏的问题解决了，该项发明和创新也就取得了成功。

TRIZ 将发明分为 5 个级别，如表 1-1 所示。

表 1-1　发明的 5 个级别

发明的级别	创 新 程 度	知 识 来 源	试错法尝试	比例/%
第一级	对系统中的个别零件简单改进（常规设计）	利用本行业中本专业的知识	<10	32
第二级	对系统的局部进行改进（小发明）	利用本行业中不同专业的知识	10~100	45

发明的级别	创新程度	知识来源	试错法尝试	比例/%
第三级	对系统进行本质性的改进,大大提升了系统的性能(中级发明)	利用其他行业中本专业的知识	100~1000	18
第四级	系统被完全改变,全面升级了现有系统(大发明)	利用其他科学领域中的知识	1000~10000	4
第五级	催生了全新的技术系统,推动了全球的科技进步(重大发明)	所有知识不在已知的科学范围内,是通过发现新的科学现象或新的物质来建立全新的技术系统	>10000	<1

第一级:一般不能被定义为发明,最多只能被鉴定为创新。例如,对手机进行外形或外观方面的改变和设计。

第二级:例如,手机只能有一个按键,自行车改进为可折叠式,预先把吸管贴在奶制品的盒子上等。

第三级:例如,从电话的座机通信到手机通信,从普通铁路到高铁,从普通家电到智能家电等。

第四级:例如,内燃机取代蒸汽机,集成电路取代传统的分离电路,核磁共振技术的应用在一定意义上代替了 B 超及 X 光技术,数码相机取代胶卷相机等。第四级的技术能够向下兼容,即第四级的发明在很多方面可以帮助解决第三级和第二级发明和创新中遇到的困难或存在的问题。第四级发明的成功对人类生活的影响相当大。

第五级:例如,蒸汽机的发明,飞机的发明,半导体的发明,激光的发明,计算机的发明,X 光透视技术的发明和应用等。上述发明和创造无法依靠个人的能力实现,都是团队协作、集体力量和智慧的结晶。这些发明和创造大大改变了人类的知识体系和知识结构,是对自然规律的新发现,是科学理论体系的新发展。

TRIZ 在分析专利的基础上,从中总结、提取了 40 个最常用的解决发明问题的方法,即 40 个发明原理(inventive principle)和 76 个标准解法,针对标准性问题帮助创新者解决发明中遇到的问题。对于非标准性的问题,TRIZ 的思路是将非标准问题通过各种方法进行变换,转换为标准问题,然后应用 76 个标准解法解决。40 个发明创新原理如下所列。

（1）分割原理。

（2）抽取原理。

（3）局部质量改善原理。

（4）增加不对称原理。

（5）组合原理。

（6）一物多用原理。

（7）嵌套原理。

（8）质量补偿原理。

（9）预先反作用原理。

（10）预先作用原理。

（11）预置防范原理。

（12）等势原理。

（13）逆向运作原理。

（14）曲线、曲面化原理。

（15）增强动态性原理。

（16）部分达到或超过原理。

（17）多维化原理。

（18）机械振动原理。

（19）周期性运动原理。

（20）有效持续运作原理。

（21）快速运作原理（减少有害作用的时间）。

（22）变害为利原理。

（23）反馈原理。

（24）借助中介物原理。

（25）自服务原理。

（26）复制原理。

（27）廉价物品替代原理。

（28）机械系统替代原理。

（29）气压或液压结构替代原理。

（30）柔性壳体或薄膜结构替代原理。

（31）多孔化原理。

（32）色彩化原理。

（33）同质化原理。

（34）自生自灭原理。

（35）改变物理/化学参数原理。

（36）相变原理。

（37）热膨胀原理。

（38）加速氧化原理。

（39）惰性或环境(或真空)原理。

（40）复合材料原理。

76个标准解法分为五大类,它们分别是:

1) 建立或拆解物质场

（1）假如只有 S1,应增加 S2 及场 F,以完善系统 3 要素,并使其有效。

（2）假如系统不能改变,但若可接受永久的或临时的添加物,则可以在 S1 或 S2 内部添加来实现。

（3）假如系统不能改变,但若用永久的或临时的外部添加物来改变 S1 或 S2 是可以接受的,则加之。

（4）假定系统不能改变,但若用环境资源作为内部或外部添加物是可接受的,则加之。

（5）假定系统不能改变,但若可以改变系统以外的环境,则改变之。

（6）微小量的精确控制是困难的,可以通过增加一个附加物,并在之后除去来控制微小量。

（7）一个系统的场强度不够,若增加场强度又会损坏系统,则可将强度足够大的一个场施加到另一个元件上,把该元件再连接到原系统上。同理,若一种物质不能很好地发挥作用,则可将其连接到另一物质上发挥作用。

（8）同时需要大的(强的)和小的(弱的)效应时,需小效应的位置可由物质 S3 来保护。

（9）在一个系统中有用及有害效应同时存在,S1 及 S2 不必互相接触,引入 S3 来消除有害效应。

（10）与（9）类似,但不允许增加新物质。通过改变 S1 或 S2 来消除有害效应。该类解包括增加"虚无物质",如空位、真空或空气、气泡等,或加一种场。

（11）若有害效应是一种场引起的,则引入物质 S3 吸收有害效应。

（12）在一个系统中,若有用、有害效应同时存在,但 S1 及 S2 必须处于接触状态,则增加场 F2 使之抵消 F1 的影响,或者得到一个附加的有用效应。

（13）在一个系统中,由于一个要素存在磁性而产生有害效应。将该要素加热到居里点以上,磁性将不存在,或者引入相反的磁场消除原磁场。

2）增强物质场

（14）串联的物-场模型:将 S2 及 F1 施加到 S3,再将 S3 及 F2 施加到 S1。两串联模型独立可控。

（15）并联的物-场模型:若一个可控性很差的系统已存在部分不能改变,则可并联第二个场。

（16）对可控性差的场,用易控场来代替,或增加易控场。由重力场变为机械场或由机械场变为电磁场。其核心由物理接触变为场的作用。

（17）将 S2 由宏观变为微观。

（18）改变 S2 成为允许气体或液体通过的多孔的或具有毛细孔的材料。

（19）使系统更具有柔性或适应性,通常的方式是由刚性变为一个铰接,或成为连续柔性系统。

（20）驻波被用于液体或粒子定位。

（21）将单一物质或不可控物质变成确定空间结构的非单一物质,这种变化可以是永久的或临时的。

（22）使 F 与 S1 或 S2 的自然频率匹配或不匹配。

（23）与 F1 或 F2 的固有频率匹配。

（24）两个不相容或独立的动作可相继完成。

（25）在一个系统中增加铁磁材料和（或）磁场。

（26）将（16）与（25）结合,利用铁磁材料与磁。

（27）利用磁流体,这是（26）的一个特例。

（28）利用含有磁性粒子或液体的毛细结构。

（29）利用附加场，如涂层，使非磁场体永久或临时具有磁性。

（30）假如一个物体不能具有磁性，则将铁磁物质引入环境中。

（31）利用自然现象，如物体按场排列或在居里点以上使物体失去磁性。

（32）利用动态，可变成自调整的磁场。

（33）加铁磁粒子改变材料结构，施加磁场移动粒子，使非结构化系统变为结构化系统，或反之。

（34）与 F 场的自然频率相匹配。对于宏观系统，采用机构振动增加铁磁粒子的运动。在分子及原子水平上，材料的复合成分可通过改变磁场频率的方法用电子谐振频谱确定。

（35）用电流产生磁场并代替磁粒子。

（36）电流变液体具有被电磁场控制的黏度，将此性质及其他方法一起使用，如电流变流体轴承等。

3）向超系统或微系统转换

（37）系统传递 1：产生双系统或多系统。

（38）改进双系统或多系统中的连接。

（39）系统传递 2：在系统之间增加新的功能。

（40）双系统及多系统的简化。

（41）系统传递 3：利用整体与部分之间的相反特性。

（42）系统传递 4：传递到微观水平来控制。

4）检测和测量

（43）替代系统中的检测与测量，使之不再需要。

（44）若（43）不可能，则测量一复制品或肖像。

（45）若（43）及（44）不可能，则利用两个检测代替一个连续测量。

（46）假如一个不完整物-场系统不能被检测，则增加单一或两个物-场系统，且一个场作为输出。假如已存在的场是非有效的，在不影响原系统的条件下，改变或加强该场，使它具有容易检测的参数。

（47）测量引入的附加物。

（48）假如在系统中不能增加附加物，则在环境中增加相对系统产生一个场,检测此场对系统的影响。

(49) 假如附加场不能被引入环境中,则分解或改变环境中已存在的物质,并测量产生的效应。

(50) 利用自然现象。例如:利用系统中出现的已知科学效应,通过观察效应的变化,决定系统的状态。

(51) 假如系统不能直接或通过场测量,则测量系统或要素激发的固有频率来确定系统变化。

(52) 假如实现(51)不可能,则测量与已知特性相联系的物体的固有频率。

(53) 增加或利用铁磁物质或磁场以便测量。

(54) 增加磁场粒子或改变一种物质成为铁磁粒子以便测量,测量所导致的磁场变化即可。

(55) 假如(54)不可能建立一个复合系统,则添加铁磁粒子到系统中。

(56) 假如系统中不允许增加铁磁物质,则将其加到环境中。

(57) 测量与磁性有关的现象,如居里点、磁滞等。

(58) 若单系统精度不够,则可用双系统或多系统。

(59) 代替直接测量,可测量时间或空间的一阶或二阶层数。

5) 应用标准解法的标准

(60) 间接方法。A. 使用无成本资源,如空气、真空、气泡、缝隙等;B. 利用场代替物质;C. 用外部附加物代替内部附加物;D. 利用少量但非常活化的附加物;E. 将附加物集中到特定位置上;F. 暂时引入附加物;G. 假如原系统中不允许附加物,则可在其复制品中增加附加物,这包括仿真器的使用;H. 引入化合物,当它们起反应时产生所需的化合物,直接引入这些化合物是有害的;I. 通过对环境或物体本身的分解获得所需附加物。

(61) 将要素分为更小的单元。

(62) 附加物用完后自动消除。

(63) 假如环境不允许使用某种材料,则改为使用对环境无影响的材料。

(64) 使用一种场来产生另一种场。

(65) 利用环境中已存在的场。

(66) 使用属于场资源的物质。

（67）状态传递 1：替代状态。

（68）状态传递 2：双态。

（69）状态传递 3：利用转换中的伴随现象。

（70）状态传递 4：传递到双态。

（71）利用元件或物质间的作用使其更有效。

（72）自控制传递。假如一物体必须具有不同的状态,则应使其自身从一个状态传递到另一状态。

（73）当输入场较弱时,加强输出场,通常在接近状态转换点处实现。

（74）通过分解获得物质粒子。

（75）通过结合获得物质。

（76）假如高等结构物质需分解但又不能分解,则可用次高一级的物质状态替代;反之,如低等结构物质不能应用,则用高一级物质代替。

TRIZ 建立有科学原理知识库。对于物理、化学、几何等领域的科学原理问题,可以通过科学原理知识库有效地帮助解决发明中遇到的问题,并为技术创新提供丰富的方案来源。TRIZ 帮助创新者进行创造性思维扩张,是创新者进行创新活动的有力助手。

在此引入 TRIZ,介绍 TRIZ 的 5 个发明级别、40 个发明原理和 76 个标准解法,希望能为读者带来启迪。愿读者根据自己的兴趣、能力、条件和灵感,创造出众多可喜的创新成果。

读者若需要进一步学习和了解 TRIZ,请参阅相关专著。

思　考　题

1. 什么是创造发明?为什么发明必须核实"首创"和"第一"?

2. 科研和创新的实质是什么?

3. 为什么要区分积极性发明创造和消极性发明创造?

4. 创新意识对创新行为具有怎样的指导意义?

5. 你对霍布森选择有什么见解?

6. 为什么说进入思维死角,处理问题的智力水平将十分低下?

7. 如何理解亨利·福特的"不创新,就灭亡"这句名言?

8. 为什么创新中采用逆向思维或反向思维很重要?

9. 为什么说习惯性思维是创新思维的敌人?

10. 如何理解"创新的主体是企业家"这一论断?

11. 为什么说"创新是国家意志,处于全局发展的核心位置"?

12. 试着学习和理解 TRIZ,并将 TRIZ 运用于创造和创新。

第 2 章　兴趣

人的兴趣(interest)以需要(自身需要和社会需要)为基础和前提。对有兴趣的事务,情感上喜好和关切的情绪较其他事务高或高出很多,在接触这项事务或从事这项事务的学习或工作时,心情特别愉悦,容易学得进,能将事务做得特别好。

创新意识和创新思维是有志成为创新型人才的思想基础,兴趣是实施创新实践并产生创新成果的动力。

2.1　爱因斯坦对物理的兴趣

爱因斯坦对兴趣的著名论述:"兴趣是最好的老师,它可激发人的创造热情、好奇心和求知欲。由百折不挠的信念所支持的人的意志,比那些似乎是无敌的物质力量有更强大的威力。"

由朗·霍华德(Ronald Willian Howard)执导的美国 10 集电视剧 *Genius*(《天才》)描述了个性独立、聪明异于常人的爱因斯坦创立狭义相对论和广义相对论的历史过程。爱因斯坦能够创立狭义相对论和广义相对论,他自己给出的解释是他对物理学、对物理研究有着超浓厚的兴趣。爱因斯坦说:"物理就是我的一切"。

源于对物理研究兴趣的强大动力,爱因斯坦 16 岁就写出第一篇物理论文《磁场中的以太状态研究》。

Genius 中描述:爱因斯坦大学毕业后,在学术界的起步十分艰难,历经失败。他凭着对物理学的兴趣,对物理研究的兴趣动力,一步一步迈向成功。爱

因斯坦大学毕业后的愿望是当一名教师。他认为当教师可以教育人,还可以方便地进行自己心爱的物理学研究。但是,大学毕业后他没能实现这个愿望。由于生活所迫和对家庭的责任,爱因斯坦不得已进入伯尔尼专利局当了一名专利员。由于兴趣使然,他对物理的研究丝毫没有放松。

1905 年,爱因斯坦连续在《物理年鉴》上发表包括狭义相对论在内的 4 篇划时代论文。有人称这一年为爱因斯坦的"奇迹年"。在《论动体的电动力学》一文中,爱因斯坦提出了狭义相对性原理和光速不变原理(真空中的光速对任何观察者来说都是相同的),建立起了狭义相对论的理论体系,得出质量和能量相当的质能公式 $E = mc^2$(如图 2-1 所示)。狭义相对论揭示了作为物质存在形式的空间和时间的统一性,力学运动和电磁运动学的统一性,进一步揭示了物质和运动的统一性。质能公式还揭示了能量等于质量乘以光速的二次方。原子能利用的理论即由此奠定基础。

图 2-1　$E = mc^2$

1912 年,爱因斯坦终于实现了自己从事教育的愿望,当上了德国联邦工业大学物理学教授。1913 年,爱因斯坦应普朗克教授(马克斯·普朗克,德国著名物理学家,量子力学的重要创始人之一)的邀请,担任了新成立的威廉皇帝物理研究所所长和柏林大学的教授。

苹果从树上掉到地上。一般人认为这是司空见惯的事,不会问是为什么。但是,牛顿思索并问了,由此发现了万有引力定律。

狭义相对论只适用于恒定速度的条件,在加速度下无法解释。爱因斯坦不能接受在相对论前加上"狭义"一词,他继续对狭义相对论理论进行研究和拓展。乘电梯时,电梯下降瞬间人体有失重的感觉,电梯上升,在加速的瞬间人体有下坠的感觉。一般人不问这些现象是为什么,爱因斯坦问了,由此引领他创立了广义相对论,如图 2-2 和图 2-3 所示。

图 2-2　电梯失重

图 2-3　电梯失重带来的灵感

　　1915 年,狭义相对论发表 10 年后,爱因斯坦完成了广义相对论的创立。广义相对论建立在广义相对性原理和等效原理之上。爱因斯坦扩充了三维空间的概念。广义相对论揭示了三维空间加时间构成的四维空间中时间与物质的关系。根据广义相对论的引力论,爱因斯坦推断光处于引力场中将不沿直线传播,而是沿曲线传播。

若能证实光在强引力场中沿曲线传播,也就证明了广义相对论。1914 年 7 月,由哈伯教授推荐的天文学家弗罗因德利克,带领一个 3 人天文观察小组赴克里米亚,准备在 8 月 21 日的日全食时观测。但是,由于第一次世界大战的爆发,8 月 1 日德国对俄罗斯宣战。弗罗因德利克等 3 人被认为是德国的间谍,俄罗斯在克里米亚将他们作为战俘关进了战俘营。加上天气的原因,其他天文学家组成的观察组也没能成功完成这次日全食观测。

1919 年,在天文学家爱丁顿的努力下,英国派出两支远征队分赴两地进行日全食观察。在非洲普林西比岛的观测队经过观测和研究,成功得出结论:星光在太阳附近的确发生了 1.7s 的偏转(爱因斯坦的理论推断为 1.75s 偏转)。

1938 年,爱因斯坦在广义相对论的运动问题上获得重大进展,从场方程推导出物体运动方程,由此进一步揭示了时空、物质、运动和引力的统一性。

爱因斯坦在量子理论方面也做出了巨大贡献。1905 年,他提出"能量在空间分布不是连续的"这一假设,认为光速的能量在传播、吸收和产生过程中具有量子性,并圆满地揭示了光电效应。1916 年,爱因斯坦在关于辐射的量子论论文中,提出受激辐射的理论。激光技术及其应用由此打下了理论基础。

广义相对论建立以后,爱因斯坦没有丝毫的停步,直到去世,一直致力于宇宙与引力、电磁的统一场论方面的探索。

"由于他对理论物理学的贡献,更由于他发现了光电效应的定律",瑞典皇家科学院 1922 年把诺贝尔物理学奖授予爱因斯坦。不过,颁发给爱因斯坦的诺贝尔物理学奖的颁奖辞中,对爱因斯坦所创立的相对论只字未提。

注:爱因斯坦当年没有在相对论上获得诺贝尔奖,一个重要原因是当时缺乏大量实验来验证爱因斯坦相对论的事实。

爱因斯坦对青少年的教育始终如一,他老年对艾莉丝的教诲以及教诲的方法是教育工作者的典范。爱因斯坦利用花自然生长的花瓣数,引出斐波那契数列来教导艾莉丝,培养艾莉丝对数学的兴趣,如图 2-4 所示。

图 2-4　爱因斯坦教授教诲艾莉丝

2.2　乔布斯的兴趣

史蒂夫·乔布斯(Steve Jobs)1955 年 2 月 24 日出生于美国加州旧金山。乔布斯是私生子,还未出世就遭受遗弃。他一生坎坷,却创新不止。

乔布斯的生父阿卜杜勒塔赫·钱德里是美国威斯康星大学的政治学助教,生母乔安妮·席贝尔·钱德里·辛普森是德裔美国人,1954 年考入威斯康星大学,就读艺术方面的研究生。乔安妮选修了钱德里的政治课,她被钱德里的优雅举止和渊博学识所倾倒,他俩相爱了。1954 年夏天,乔安妮跟随钱德里来到他的祖国叙利亚。两个月后,当他们回到威斯康星大学时,乔安妮发现自己怀孕了。乔安妮的父亲亚瑟·席贝尔先生是天主教徒,对女儿很严厉,他坚决要求女儿嫁给天主教徒。钱德里是穆斯林,所以乔安妮的父亲不允许他们结婚。

由于是非婚生子,乔布斯的生母只好决定把儿子送人领养。乔安妮要求领养家庭的父母必须大学毕业,保证供儿子上大学。首先答应领养的一对夫妇是律师,条件完全满足乔安妮的要求。但是,乔安妮生产后,负责安排收养事宜的医生告诉乔安妮,律师收养家庭只愿收养女孩,不愿收养男孩。乔布斯刚一出生,就两度遭受遗弃。

无奈之下,医生为乔安妮安排了第二领养人,即乔布斯的养父母——保罗·乔布斯和保罗·克拉拉·乔布斯。但是,保罗高中都没有毕业,"二战"时参加过美国海岸警卫队,是一名蓝领技师,他的爱好是维修汽车。保罗的妻子克拉拉大学也没有毕业,是一名学校的记账员。克拉拉喜欢旧金山,保罗和克拉拉婚后于1952年搬回旧金山,在日落区买了一套公寓住下来。

看到第二收养人的情况远远不能满足自己的要求,乔安妮犹豫了,迟迟不愿在收养合同上签字。乔布斯的养父母盼子心切,竭尽所能地向乔安妮表达诚意,争取对乔布斯的抚养权。他们向乔安妮保证,一定让孩子上大学,承诺设立一项专款作为孩子将来上大学的费用。最后,乔安妮勉强同意,在收养合同上签了字。两年后,乔布斯的养父母又收养了一名女孩帕蒂。保罗夫妇对两个孩子倾注了所有的爱心,实现了供乔布斯上大学的诺言。

乔布斯家的周围居住了很多工程师,乔布斯身处浓郁的科技氛围之中。对硅谷,乔布斯充满深情:"在那里(硅谷)成长,我受到了独特历史的启发,这让我很想成为其中的一员。"硅谷对乔布斯的成长有着非同一般的影响,10岁的乔布斯读小学时就迷恋上了电子学。

小时候的乔布斯可以说是一个问题少年。他的好奇心极强,蔑视权威,总想反抗权威。他不肯好好学习,总是想出法子调皮捣蛋。

四年级时,乔布斯遇到了伊莫金·希尔老师,人们昵称希尔老师为"泰迪"。"泰迪"老师认真观察了乔布斯,认为乔布斯很聪明,只是他把聪明都用到调皮捣蛋上了。她想了一个办法。一天放学后,"泰迪"老师拿了一个练习本到乔布斯面前,对他说:"你回家把这上面的数学题都做出来。"乔布斯不屑一顾,心想:你说让我做,我就会做?"泰迪"老师知道乔布斯会有这样的想法,她立即从身后拿出一根大棒棒糖,说:"你尽力做,如果大部分做对了,这根棒棒糖就归你,我还会给你5元零花钱。"乔布斯十分喜欢大棒棒糖,他被说动了。乔布斯花了两天时间把习题做完,赢得了棒棒糖。这样的奖励持续了几个月,乔布斯自己提出不要奖励了。他说:"相对奖励来说,(现在)我更想让您高兴。"除了让乔布斯做习题以外,"泰迪"老师还找来一些工具,让乔布斯做些他自己喜欢的东西,培养他的成就感和兴趣。乔布斯电子方面的兴趣就这样被培养起来。四年级很快过去,"泰迪"老师给乔布斯做了一项测试,发现他已达到初中二年级的知识水平,可以连跳两级。但是,乔布斯的父母决定只让他跳一级。"泰迪"老师使保罗夫妇和其他人认识到乔布斯所具有的超常智力。

应该说,没有"泰迪"老师就没有今天我们所知道的乔布斯。乔布斯回忆说:"那是我自上学以来收获最多的一年,正是因为有她,才有了现在的我,否则的话,我可能早早地进监狱了。她在我身上看到了别人看不到的东西,所以她把所有注意力都给了我。"

1972年,乔布斯毕业于加州库比提诺市霍姆斯特德高中,同年进了俄勒冈州波特兰市里德学院。但是,只读了一学期,他就休学了。乔布斯在斯坦福大学毕业生的演讲中是这么介绍他的休学的:

里德学院在那时提供也许是全美最好的美术字课程。在校园内的每张海报,每个抽屉的标签上面全都是漂亮的美术字。因为我退学了,可以不照正常选课程序来,所以决定参加这个课程,去学习怎样写出漂亮的美术字。我学到了 serif 与 san serif 字体,学会了怎样在不同的字母组合中改变空格的长度,怎样才能做出最棒的印刷式样。那是一种科学永远不能捕捉到的、美丽的、真实的艺术,我发现那实在是太美妙了。

当时看起来这些东西在我的生命中,好像都没有什么实际应用的可能。但是十年之后,当我在设计第一台 Macintosh 电脑的时候,就不是那样了。我把当时自己学的那些知识全都设计进了苹果计算机。那是第一台使用了漂亮的印刷字体的计算机。如果我当时没有退学,就不会有机会参加这个我感兴趣的美术字课程,苹果计算机就不会有这么多丰富的字体,以及赏心悦目的字体间距。那么,现在的个人计算机就不会有这样美妙的字形了。当然,我在大学的时候,还不可能把从前的点点滴滴串联起来,但是当我十年后回顾这一切的时候,真得豁然开朗了。

再次说明的是,你在向前展望的时候不可能将这些片段串联起来,只能在回顾的时候将点点滴滴串联起来。所以,你必须相信这些片段会在你未来的某一天串联起来,你必须相信某些东西——你的勇气、目的、生命。这个过程从来没有令我失望,只是让我的生命更加与众不同而已。

乔布斯把当年按自己兴趣学习的知识,在创造和创新的实践中应用到产品的设计中。图2-5是3岁多的乔布斯,他头戴耳机,手上拿着一件物品,那物品是否像 iPod 的原型机?按乔布斯上述的讲话来理解,乔布斯所设计的 iPod,其原型好像由此而来。毕竟一个人儿时的经历会深深地影响他的一生。

图 2-5　3 岁多的乔布斯

　　乔布斯是不幸的，又是万幸的。他的出生和儿时的经历磨炼了他，他的生长环境促使他成为一个能够改变世界的创新者。乔布斯曾经回忆说："我周围住的都是一些和高科技打交道的人，这让我对这些东西也充满了好奇，总会拉住他们问东问西，他们也都很乐意给我讲解这些东西。"

　　乔布斯的邻居中有一位惠普公司的工程师拉里·朗（Larry Lang）。乔布斯说："无线电和电子产品是他生活的全部，他最早在我心中建立起了惠普工程师的形象。"朗很喜欢和孩子们一起玩，他经常带乔布斯和一帮孩子到自己的家里，给孩子们讲电路原理，教孩子们用计算机。乔布斯说："我很幸运——年轻时就发现自己爱做什么事。我二十岁时，跟斯蒂夫·沃兹尼亚克（Steve Wozniak）在我爸妈的车库里开始了苹果计算机的事业。"

　　乔布斯很早就发现了自己的兴趣和爱好。正因为兴趣的驱动，两个斯蒂夫发明了苹果计算机，如图 2-6 所示。

　　乔布斯一直保持着兴趣。他用自己的兴趣完成了众多的创造和创新，他用兴趣设计产品，用兴趣改变世界。他用自己的兴趣创造了历史。

　　哈佛大学经济学教授哈吉·柴提（Raj Chetty）等五位学者经调研后指出：创新者在成长过程中，由于得到不同的启蒙和学业指导，信息获取和社会交往的不同，外部环境的熏陶通过时间会显现出来。在创新活跃地区（如美国硅谷）

图 2-6　两个斯蒂夫

长大的孩子,由于成长过程中的耳濡目染,有机会接触更多的创新活动,成年后更有可能成为创新者。儿时的"接触"不仅影响他成为创新者的概率,而且还决定他成为创新者的创新类别。在波士顿长大的人,和在硅谷长大的人很容易在计算机领域获得专利;在明尼阿波利斯长大的人更有可能在医疗设备上获得专利,因为明尼阿波利斯城市周边拥有众多一流的医疗设备制造商。

他们指出:儿童时期的成长环境,特别是接触创新的机会,是决定个体创新能力的关键因素。

2.3　兴　趣　与　我

创新人才的培养,外界的培养因素固然非常重要,但能否成长为创新人才,最重要的还是有志创新者对自己的培养。

个人兴趣,指"个人"对特定的"事物""活动""人为对象"产生的带有倾向性、选择性的态度和喜爱的情绪。一个有广泛兴趣的人,一定具有兴趣魅力的光环,受人青睐,特别是能得到异性的青睐。

不知读者是否有这样的体会:对一件事没有兴趣就不想做,被逼着做,总会想着法儿躲避;被强迫做,则无论如何也做不好;即使勉强完成,事情也不会做得圆满。如果对某件事有兴趣(爱好、喜欢),就会千方百计去做,做的时候心情舒畅,十分投入,十分忘我,再大的困难,吃再多的苦也心甘情愿,事情会做得很圆满,事后对该事的印象还特别深刻。

读书学习更是如此。是否有这样的体会：自己喜欢听的课就能坐得住、听得进、学得快、学得好。因为喜欢(有兴趣)，所以你会不知不觉地用全身心去学习，很容易学进，特别容易学好。

1. 兴趣与好奇心

爱因斯坦曾说："我自己并没有什么特别，只是充满了一种好奇心而已。"好奇心是驱动创新的精髓，好奇心是兴趣的起点，是兴趣和情趣的切入点，情趣是兴趣的内化，兴趣是情趣的外化。若对一个未知的事物有强烈的好奇心，就是对该事物具有浓厚兴趣的表现。

2. 兴趣与疑问

受好奇心的驱使，若对某事物有了兴趣，就会千方百计地了解它。对一个事物有了了解，就能发现问题、产生疑问。若能提出对某事物的疑问，则是对该事物有所了解，具有兴趣的典型表现。

犹太人有句名言：怀疑是智慧的大门，知道得越多，就会怀疑得越多。以色列家长每天问孩子的问题是："今天在课堂上提了什么问题？难住老师了没有？"

2.1节结尾用了爱因斯坦对艾莉丝教导的案例。艾莉丝针对花瓣向爱因斯坦提出了疑问：花为什么知道要长几片花瓣？艾莉丝的提问说明爱因斯坦培养艾莉丝对数学的兴趣取得了成效。

3. 兴趣的培养

兴趣有先天生成的，也有后天培养的。那些大师级的科学家一般都属于天才，他们天生具有对科学发现和科学发明执着的兴趣。例如爱因斯坦对物理学和物理研究的兴趣，可以说是先天的。一般来说，具有某方面先天兴趣的天才，往往在艺术(绘画、书法、音乐、表演艺术)、体育等领域表现较为典型。

大部分人的兴趣为后天培养而成。兴趣的产生和形成往往在于自己经历了某事，获得了该事良好的刺激和反馈，对其产生了好感，愿意继续接触，继续做该事或该类的事，结果对该类事越来越有好感，逐步上升成为自己的兴趣。

一个人爱学习,一般来说,一是在学习中尝到了"甜头";二是在学习中积攒了成就感;三是好奇心产生了强烈的探究热情。

对自己具有哪方面的兴趣越早了解越好。知道自己的兴趣所在,并有意识地深化培养它,使之形成良性循环,获取创新的成果也就指日可待了。继续沿兴趣的指向提升自己,将自己培养成创新型人才。

1) 背诵

犹太人认为,经书的具体含义可以在孩子记事之后再慢慢理解,但是要尽早在孩子心里埋下好的种子,所以犹太人在他们的小孩很小的时候(一岁半),就开始教孩子背诵《圣经》。背诵被总结为犹太人很聪明的原因之一。

中国的传统教育也十分重视背诵。两千多年以来,以《三字经》《百家姓》等为代表的儒家启蒙教育作品,字字朗朗上口、句句押韵,便于学习和记忆。我国历代培养出的众多杰出人才不能说与此无关。

2) 个人奋斗

若自己有明确的个人奋斗方向和奋斗目标,首先应建立以实现奋斗目标为方向的兴趣。有了兴趣,个人奋斗目标的实现、事业的成功也就为期不远了。若当前的学习内容或从事的工作与所建立的奋斗目标一致,还应加深兴趣的培养;若当前的学习内容或从事的工作与所建立的奋斗目标不一致,则应考虑改变或调整自己的奋斗目标,或调整自己的心态,以顽强的毅力建立与奋斗目标相一致的兴趣,然后倍加努力地加深兴趣的培养,最终实现个人的奋斗目标。

3) 兴趣与喜欢

绝大多数人的兴趣不是天生的,兴趣的产生更多来自于自己的初体验。有人说,我实在不知道自己有什么兴趣。可以这样分析自己:

我对什么有兴趣?我擅长什么?我做什么有享受的感觉?我做什么容易做好?我做什么能坚持?我做什么不感到厌烦?

仔细观察和分析自己的学习:喜欢看什么类型的书;或降低一点要求,找一找自己读哪些类型的书不反感,可以从不反感慢慢培养,发展为喜欢,进一步培养使之成为自己的兴趣。

学术类型的书一般人很难有耐心读,若自己有耐心读学术类型的书,则极为可喜。

若喜欢读历史性的书（小说），则可借以培养自己的远大理想。

若喜欢读传记类的书（小说），则可借以帮助自己励志。

若喜欢读旅游、地理方面的书，则可以帮助自己认识生活、适应生活、享受生活、创造生活。

具有音乐、戏曲、艺术、书法、体育方面的特长、兴趣，很容易把握自己的兴趣方向，即把握自己的人生方向。

注意发现自己喜欢看什么类型的报纸、杂志，同样可以按上述的分类对自己进行分析，把握自己。

喜欢动手：分析自己是偏好电子技术，还是偏好电器、电路方面，即注意发现自己是有强电方向的偏好，还是有弱电方向的偏好。

是否喜欢木工的敲敲打打……。

分析和发现以后，朝着自己的兴趣方向发展。

你可能会说，上述所列我都无法确立自己对其有所喜欢。

那就请注意，哪方面的事你做起来不感觉厌烦，那就以此为起点进行兴趣培养。

总之，认真观察和分析自己，做到了解自己，找出自己不厌烦做的，喜欢、愿意做的，做起来能使自己心情愉悦之事。

兴趣与个人以及个人的情感密切相关。兴趣可以用"一见钟情"来形容：（青年人）你第一眼看到某人（某事），就对他（她）有好感（喜欢），你会有与他（她）接触的强烈愿望（喜爱），经过相互接触加深了感情（有兴趣），继续发展，最终组建家庭（取得创新成果）。

一般来说，每个人都有自己喜欢的、认为美好的东西，如绘画、书法、摄影、音乐、舞蹈、文学、服饰、电子技术、机械、编程、智能小车、机器人、飞行器、游戏、各类体育运动等。每个人可供选择的范围一般来说都十分广泛，可从中选定一个或两个作为自己的爱好，然后精心地培育。

找出并用心培育自己的兴趣，它会深深地影响你的人生。

4）兴趣与爱好

兴趣建立在爱好的基础上，爱好是喜欢的高级阶段。要对自己的爱好保持关注，精心培养，让爱好上升为自己的兴趣。

5) 兴趣与鼓励

原则上说,人们后天任何一种兴趣的产生,都是由于获得了这方面的知识或参与了这方面的活动,并且在情绪的体验上得到了满足。

要让爱好上升为兴趣,重要的一条是在爱好的初期尽量避免让其遭受挫败。或者说,可以有失败(这要看自己的心理承受能力),但不能强烈(同样如谈恋爱。刚开始谈时,双方都承受不了挫败,特别是强烈的挫败)。一个人从第一次接触一件事(一种专业、一项技能、一项工作)到入门初步掌握这件事,过程中好坏体验的多少,可以说与自己对此事兴趣的多少(建立)成正比。

在刚接触某种专业、某项技能、某项工作时,若初期比较顺利,有很好的体验,取得了成绩,有了成就感,肯定后来就会喜欢它。继续发展,就能由喜好提高到爱好,爱好的程度越来越深,可逐渐培养成为兴趣。有了兴趣就一定会越学越好、越干越好。

反之,若接触某种专业、某项技能、某项工作,在初期就遭受挫折,即使原来对此有一点兴趣(好感),很快也会丧失殆尽。

玩游戏:为什么几乎每个人都喜欢玩游戏?这与游戏剧情的编导有关。大脑中有一种叫多巴胺的神经传导物质,当其受到外界愉悦的刺激时,多巴胺就会爆发出来。它迅速将兴奋及开心的信息予以传导。一个拥抱,一声赞扬,都会引起人脑中多巴胺的升高。鼓励是一种正向激励,它能刺激多巴胺奖赏系统,引起大脑中多巴胺爆发升高,让人产生兴奋和快感。多巴胺的效用是期待奖赏,渴望幻想成功。多巴胺的升高使人产生自信,相信自己会有越来越多、越来越大的成功。当这种正向激励进入良性循环以后,兴趣自然就(一定)产生了。一定意义上,鼓励与兴趣的增长成正比。

游戏剧情的编导(剧本)强调鼓励和奖赏,现代游戏编程中采用了多巴胺算法。多巴胺算法更好地发挥了多巴胺期待奖赏、渴望幻想成功的效用。多巴胺算法能通过游戏玩家的戏玩操作,了解游戏玩家的个人喜好,然后精准地向他进行激励推送,使他沉迷于游戏。游戏初期的通关相对较简单,玩家比较容易过关;过关了,玩家有了成就感(还会得到游戏给的奖励),他会执迷地继续玩这个游戏;当过了一关又一关,最终的胜利能使他获得最大的成就感。试想,若游戏初期的关卡就设计得很难,玩家玩了一次、两次以后都过不了关,玩家还有信心吗?还会再玩这个游戏吗?为什么很多人沉迷于网上购物,这也是多巴胺算法所致。多巴胺算法与大数据相结合,能精准地把握购物者的购物习惯、购物心理,然后向购物者进行精准推送,使购物者沉迷于购物,并且欲罢不能。

以游泳为例,第一次学游泳,很多人对水都心存恐惧。游泳教练会给初学者以不断的鼓励,减轻他对水的恐惧,增强他的勇气。这时重要的一条是,教练会尽力避免初学者呛水。若首次学游泳就连呛几口水,初学者就会产生害怕的心理,严重的就可能不想学,甚至不敢下水了。古语所言"一朝被蛇咬,十年怕井绳"就是这个道理。

6) 兴趣与经历

有人说,我实在不知道自己有什么兴趣,实在想不出自己有什么喜好。若是这样,则可能是你的经历太匮乏、视野太窄、知识储备太少。兴趣来源于经历,有了足够的经历,自己会自觉或不自觉地从所经历的事件中知道自己的爱好所在,特长所在,会选取与自己特长相匹配的爱好,培养它成为自己的兴趣。谚语曰:人行千里路,胜读十年书。此话充分说明了一个人经历的重要性。

假设一个婴儿一出生就被送到一个不与他人接触的地方,在那儿只保证他生长所需的食物和衣物,十几年以后,可以想象,他既不会讲话,心智也不可能得到正常的发育,更不可能有在正常社会下成长所具有的思想及思维方式,即他不可能有正常社会下成长的人所具有的喜怒哀乐,当然也不可能有所谓的兴趣。

4. 兴趣的发掘

古语曰:千里马易得,伯乐难寻。此话说明了人才培养中对人才兴趣发现和挖掘的重要性。

兴趣的生成与环境有关,与家庭有关,与老师有关,与所接触的人(朋友)有关。乔布斯的经历和儿时的故事充分说明了这一点。

1) 家庭

家庭教育对一个人来说,其重要性怎么形容都不为过。

天才由天赋始。谁也不会否认天才的存在,当然也不能否认天才由天赋培养而来。具有天赋不等于是天才。天赋指不用学或稍加学习就能把事情做好,并且做好的程度可能超过一般人。有天赋者需要实践,只有在实践中取得成功以后,人们才会认定他是天才。很多神童长大以后却默默无闻,就是他虽然有天赋,但却没有得到有效的培养,不能成为天才的例证。天才的成功和成就往往非一般人所能想象,例如爱因斯坦创立狭义相对论和广义相对论的经历。人们普遍认为,只有他这样的天才才能成功创立相对论。为什么是爱因斯坦创立成功相对论?这与他是犹太人有一定的关系。为什么几大科学理论体系的创立者都是犹太人?因为犹太人是最重视家庭教育的民族之一。

具有其他天赋的天才,如音乐、美术、体育运动方面的天才,仔细考察就能发现,他们之所以成为天才,与幼儿、少年时的成长环境有关。如音乐世家的孩子容易成为音乐天才,运动健将的孩子体育一般都很好。这是因为,他们所处的家庭环境直接影响了他们。他们的父母有这方面的兴趣,也注意发现自己子女在这方面的兴趣;他们会正确地引导和培养自己孩子的兴趣,增长孩子这方面的知识和能力,最终将他们培养成为天才。反之,若音乐世家的孩子虽然具有良好的天赋,但是父母不引导他,不鼓励他,不教育他,不让他接触钢琴,不培养他音乐方面的知识和能力,他还能成为音乐天才吗?

父母是孩子的第一任老师,孩了的一举一动首先学的是父母。往往有这样的家庭,父母自己忙着打麻将,忙着玩游戏,却对自己的孩子说:"你给我去看书,你要好好学习,不许贪玩!"这样的环境下,孩子有心看书学习吗?他们会想:你自己玩,却逼我学习!当孩子学习遇到困难,父母不去(能)指导他,不去帮助他;孩子考试的成绩不好,就大声斥责孩子,甚至打孩子。父母没有尽到教育孩子的责任,却责怪孩子学习不努力,贪玩。在这样环境下成长的孩子很难对学习有兴趣,也就极难取得好成绩。

要求孩子做到的,父母自己必须先做到。这一点我深有体会:儿子9岁时,我要求他早晨起来到操场上跑步锻炼,他不愿意。我只好对他说:我陪你去跑步(我被迫锻炼)。每天早晨,我们俩一同到操场锻炼,有了早锻炼的基础,他的跑步兴趣慢慢被培养起来了。学校开运动会,他报名参加了长跑比赛(他有了成就感)。

2）教育工作者

教育工作者应致力于发现、挖掘、培养学生的爱好、兴趣和能力。能够很好地发现、挖掘、培养学生的爱好和能力的老师才是一名好教师。

老师在上课以及带学生实习、实践，特别是指导学生做项目，指导学生参加竞赛的过程中，要善于观察学生，要注意发现具有某方面特长（兴趣）的学生。有特长（兴趣）的学生一般做事认真、执着，有想法。他们能够发现问题、提出问题，也喜欢提问题，有遇到问题不解决誓不罢休的特点。例如，喜欢机械、电子、自动化专业方向的学生，他们最典型的特征是喜欢动手；具有软件编程特长的学生，往往话语不多，喜欢独立思考，可以长时间坐到计算机前操作计算机。有创意的学生思想活跃，一般都有自己独特的想法。

最关键的是，老师发现自己的学生具有某方面的特长，一定要爱护他、关心他，包括考验他，必要时给他加任务，带他做项目，指导他参加学科竞赛，重点培养，进一步挖掘、提升他的特长（兴趣），帮助他成才。

学习方法好的学生对学习的内容不抵触，有兴趣。学习新知识时，他们能够将新学的知识与以前学过的知识关联起来，以融会贯通、举一反三的效率学习新知识。

学习仅靠浅层次的兴趣不行。浅层次的学习兴趣在遇到较大的困难或挫折时，很难有大的决心和毅力克服，可能从此失去学习的兴趣。学习需要保持长期的、浓厚的兴趣，需要不断地增强学习的信心。老师要有意识地培养学生的意志力，增强学生克服困难的勇气、决心和毅力。老师要帮助学生设定自己的目标，所设定的目标要合适，要有"跳一跳能够摘到苹果"的感觉。目标不能定得太高，定高了很难实现，会失去学习的信心，否定自己的学习能力，短期可以，长期就会丧失学习兴趣；目标也不能定得太低，目标定低了不会有动力。目标要细化，要切实可行，可以具体到某一步目标如何去做，去实现。总之，要让学生能够看到自身学习的价值，能体验到成功的喜悦，增强学习的信心。

"单片机原理和应用"是智能车竞赛参赛队员必须掌握的专业基础知识，大一新生还没有开这门课程。但是，智能车的设计和运行一定要用到单片机方面的知识。在此，可以采取先用、再慢慢理解理论的方式：先只讲单片机的接口、引脚及其功能,暂时不讲(少讲)单片机的运行原理,让参赛队员知道单片机的接口和引脚与相应电路之间的连接关系,能正确地运用单片机的接口和引脚。参赛队员经过学习和竞赛的实践,熟悉了单片机接口和引脚,之后就能体会到要进一步用好单片机,必须掌握单片机运行原理的知识,因此会自觉、主动地学习单片机运行原理。因为他们有参赛实践的锻炼,所以很容易理解单片机的运行原理。

3) 学生的体会

一名同学这样形容他参加 ACM 竞赛的感受:"每一个爱好编程的朋友,你能忘记每一次程序调试无误,顺畅跑起来时的兴奋么?你能忘记绞尽脑汁、反复修改后,终于把 WA/TLE 变成 AC 时的激动么?也许只有经历过这些,才能真正体会到 ACM 图标的有趣:沉思、灵感、气球飞扬……"

一个参加智能车竞赛的同学这么说:"为什么加入实验室呢?当初纯粹是因为喜欢,其他都没想……智能车主板我弄了三块,第一块板子废了……第二块板子也不行,第三块板子我懂了,画好了,也可以了。本来一开始用的摄像头,之后发现这个摄像头不适用,原本以为又要换板子,可是我发现 CCD 有几个接口,所以直接接了在单片机上,然后就可以了,那时候我是真开心啊……每次组装车子都是一种挑战,也是一种体验,更是一种磨炼……或许会想这种事是不可能的,当初我也这么认为,可实际上完全不是,因为组装车了,需要想的东西太多,就拿我的摄像头车(也就是光电四轮)来说吧,首先需要知晓车子的大小、板子的大小、板子上面该放哪些东西、怎么放更好,等等。然后就是放置摄像头的位置,如果太靠前,扫描到的东西车子难以准确判断;如果太靠后,重心就会后移,车子不稳,所以重心在中间最好……再说说主板吧,不管什么车子,主板都是最重要的,因为一切的基础都是它,它控制了所有东西,如舵机、摄像头/CCD、单片机、拨码开关等,说真的,其实原理图没什么用,关键是 PCB图,因为 PCB 图决定板子的大小、形状,以及怎么放置最好……"

印制电路板(Printed Circuit Board,PCB),又称印刷线路板,是电子元器件电气互联的载体。小到电子手表、手机,大到计算机、航天设备,凡有集成电路等电子元器件的电子设备都离不开印制电路板,因为板上承载了所有的电子元器件,并使它们互联,从而成为系统。PCB 工程设计:首先绘制(设计)SCH

(Schematic)电路原理图;由 SCH 生成网络表,网络表中包含电路原理图中所有元器件和元器件引脚的电路连接信息。网络表中的信息由工程设计软件导入 PCB 工程设计项目,设计人员完成电子元器件在板上的布局和布线,最终完成 PCB 设计。智能车的 PCB 样图如图 2-7 所示。

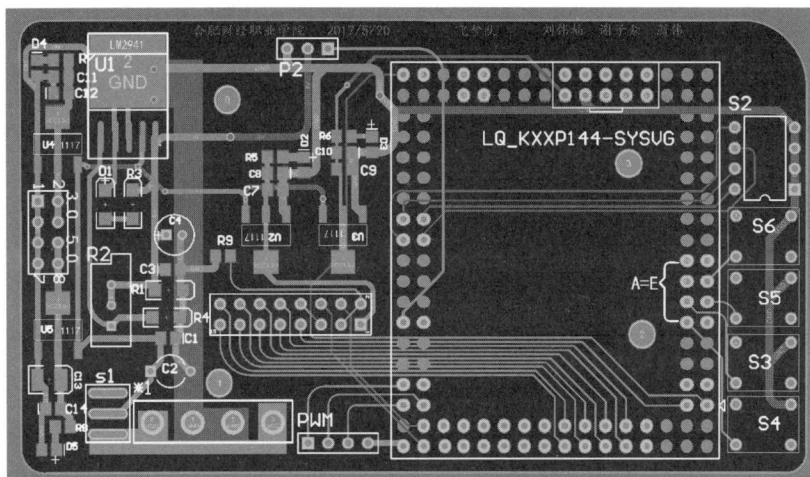

图 2-7　智能车的 PCB 样图

4) 外界影响

一个人的成才,父母和教师是关键因素,小伙伴、朋友、同学、同事、周边环境都是直接或间接的影响因素。"孟母三迁"是经典的环境影响小孩成长的故事,环境对乔布斯成长的影响也充分说明了这一点。

人的活动半径多大,接触面多广,眼界就有多宽,所能取得的成就与之相匹配。生长在农村,一辈子没有离开过农村,活动半径很小,接触的人很少,能接受到的知识、了解到的事物仅限于本村和周边的村庄(城市社区,与之相类似),眼界很窄。

上小学,与几十个同班同学以及更多的同校同学接触,接触范围有所扩大,眼界随之增大。

上中学,迎来人生接触面的首次洗牌,活动半径增大,眼界变宽。

上大学,离开家乡,活动半径大大扩大。同学来自全国,甚至全世界,接触对象、接触面来了一个更大的洗牌。接受高等教育使受教育者的人脉增多、眼界变高、思路变宽广。

哈佛校长德鲁·吉尔平·福斯特在 2021 级迎新大会上说了这么一段话："在接下来的四年里，你们遇到的最重要的想法中有很多不会来自教授、实验室、书籍或在线作业，它们会来自此刻坐在你们身边的人。

你们提出的很多问题，学习解决的挑战，以及接受的新视角，都将是你们跟其他人进行互动的结果。"

同学之间的感情是人生最深厚的感情之一。有这样的说法：你是耶鲁毕业的学生，你的人生再差也差不到哪。若有困难，随便找个同学帮一下，力度都非常大。

大学同寝室同学之间的感情普遍较深，对一个人兴趣的建立影响很大。其中影响最大的，是同寝室同学相互之间对个人兴趣养成的影响。大学生参与社会活动、参加学科竞赛（包括赛项的选择），挑选选修课，外出游玩，上课迟到、早退，甚至逃课，同寝室同学往往都共同行动。

同事或朋友对一个人兴趣的建立、创新的成功也会产生较大的影响。在你兴趣培养或创新实践的过程中，得到同事或朋友（经意或不经意）的鼓励，成功的概率会高出很多。

谁也不会否认，老板或领导对一个人兴趣的建立、创新的成功影响很大。在你兴趣培养或创新实践的过程中，若得到老板或领导的表彰，会极大地增加成功的概率。

以下是洛克菲勒对儿子的劝告。

有两种人绝对不可以交往：第一种，安于现状和容易投降的人；第二种，不能将挑战进行到底的人。

经常跟消极的人来往，自己就会变得消极。

跟小人物交往过密，自己就会产生许多卑微的坏习惯。

反之，与品德高尚的人交往，经常受其熏陶，自身的思想水准自然就会提高。

谷歌公司十分重视员工个人的兴趣和想法。谷歌公司会了解员工的想法和需求。例如，他们会设法了解什么人想要机遇，什么人想要金钱，什么人想不受打扰地做自己喜欢做的事情。公司在了解这些情况以后，以此为依据，然后尽力为员工提供其所需。谷歌公司用这样的方法培养员工,也用这样的方法形成企业的凝聚力。

2.4 好奇心与特长

科学家的兴趣和好奇心驱动了科学技术的发展。好奇心是兴趣和创新的原动力,一个人具有某方面的特长,他对该方面也一定有兴趣。一般来说,具有某方面的特长,又对该方面有兴趣,他一定能把这方面的事情做得特别好。抱有好奇心的人很多,能将对某事物的好奇心持续地发挥,最终成就创新和创造的人并不多。所以,光有好奇心并不够,还需要有好问、好学、好胜、持续探索之心。

擅长,指独具某种特长,即在某一方面比较熟悉,能运用自如者。不过,有的擅长无助于创新的成功。因为具有某项擅长,并不等于具有某方面的特长。创新者应充分发挥自己的特长,还要学会并善于扬长避短,这样才利于创新的成功。

有采访者问马化腾为什么不做手机,他说:"很多人问我为什么不做手机?我们对外讲过很多次了,我们不做! 对,小米手机做得非常成功,我觉得做手机不是我们的专长,我们可能更关注手机里面的服务,怎样利用这个硬件设备发挥它某方面很独特的作用,让使用者一看就觉得很特别。另外,我比较关注可穿戴设备,包括以后的手表、手镯、眼镜,我们可能未必直接去做,但是会关注里面的这些体验怎么跟我们的服务结合!"

思 考 题

1. 为什么说兴趣是产生创新成果的动力?
2. 硅谷对乔布斯的影响有多大?
3. 你能总结出如何发现自己的兴趣和爱好所在吗?
4. 请列举自己的喜好、爱好或兴趣。
5. 如何理解兴趣、创新很受好奇心的驱使?

6. 请列出你对什么事具有好奇心。

7. 你是否认同能够发现、挖掘、培养学生爱好、兴趣的老师是好教师?

8. 对同学之间的感情是人生最深厚的感情之一你有体会吗?

9. 为什么商家现在能准确地向你推销产品,让你不停地买、买、买?

10. 你能理解为什么马化腾不做不是自己专长的事吗?

第3章 灵感

灵感是创新成功之父。

爱迪生有句名言是"天才是百分之一的灵感加上百分之九十九的汗水,当然,没有百分之一的灵感,世界上所有的汗水加在一起也只不过是汗水而已!"名言说明了创新的成功离不开灵感,也离不开知识和汗水。知识的获取需要汗水的浇灌,灵感的获得更需要汗水的浇灌。唯有知识与灵感完美结合,才能获取创造和创新的成功。

3.1 灵 感 思 维

灵感(inspiration)又称灵感思维,指文艺、科技活动中瞬间产生的富有创造性的突发思维状态及思维结果。

灵感是人的创造活动接近突破时才可能出现的心理状态。前已叙及,爱因斯坦创造相对论,是在他思考这个问题多年以后,乘电梯时感受到人体的失重和重力,并且还是在与玻尔的交谈中才得到灵感,完成广义相对论的创建,如图 3-1 所示。

总结起来,灵感首先表现为人的注意力高度集中在创造对象上。这时,意识处于十分清晰和敏锐的状态,思维极为活跃。灵感降临时,心情是紧张、高度兴奋的,有时甚至陷入迷狂的状态。

1. 灵感的特性

灵感的产生具有生理机制。从生理上来说,灵感的到来是因为原本阻断的思

图 3-1　重力与相对论的灵感

路豁然贯通,思想进入一种泉涌般的运行和思维状态,是潜意识层中孕育成的创造性思维(想法)突然跃升到意识层面。灵感产生微妙(巧妙)想法,所以也被称为顿悟,是人借助某种直觉的启示而猝然迸发出的领悟或理解的思维形式。科学家、发明家的顿悟称为"茅塞顿开",即"灵感";艺术家、诗人、文学家的顿悟称为"神来之笔";军事指挥家的顿悟产生的效果为"出奇制胜";思想家、战略家的顿悟又被称为"豁然贯通"或"豁然开朗";等等。灵感通常以瞬间爆发的方式出现,但那往往是长期坚苦探索、长期坚持思考酝酿的结果。灵感表现为以下 6 个特性。

(1)随机性和偶然性。

用"有心栽花花不开,无意插柳柳成荫"表述灵感十分恰当。灵感表现为可遇而不可求,至今人们也没能找到控制灵感产生的办法。灵感不能按人的主观意愿和需要产生,更不会按专业的划分产生(往往非专业的因素反而可能导致专业灵感的产生,非专业的人产生专业的灵感)。

(2)公平性。

不论是贫民还是权贵,不论是知识渊博的科学家还是文盲,都可能随时随地产生各种各样的灵感(关键在于自己是否能意识到有灵感到来,或意识到刚刚过去的想法是一个美妙的灵感)。

(3)经济性。

灵感的出现可以说不需要什么代价。但是,若灵感一旦得到利用,灵感产生的价值可能会很高,甚至极高。爱因斯坦所创立的相对论,一个多世纪以来一直指导着现代科学的进程,其价值无法用金钱评价。

(4)持续性。

灵感具有"采之不尽、用之不竭"的特点。一个人的灵感会越用越活,灵感的产生会越开发越多。

(5)神秘性。

所谓神秘性,即对一个人来说,灵感会稍纵即逝,必须及时抓住,否则灵感可能再也不会光顾了。

(6)创新性。

灵感会给你的创造、创新带来丰硕的结果。灵感一般是新颖的、独特的。所以,当灵感出现时,你的心情可能会是紧张的、兴奋的,甚至是狂妄的。

灵感引发狂妄,最典型的例子当数阿基米德发现浮力原理。希耶隆二世让金匠为他制造了一顶金王冠。国王怀疑金匠在王冠中掺了银,偷了他的金子。他请阿基米德做鉴定,条件是不许弄坏王冠。阿基米德冥思苦想也没想出好的办法。一天,阿基米德去洗澡,当他坐进澡盆,看到水往外溢,同时感到身体被轻轻托起。阿基米德联想到:溢出来的水的体积正好应该等于我身体的体积,所以只要拿与王冠等质量的金子放到水里,测出它的体积,看看体积是否与王冠的体积相同即可。如果王冠体积更大,就表示其中造了假,掺了银。他兴奋地跳出澡盆,光着身子就跑了出去,大声喊着"尤里卡! 尤里卡!"(Eureka,意思是"我知道了")。阿基米德还进一步作了总结:物体在液体中所受的浮力,等于物体所排开液体的重力。浮力原理就被发现了。

尼古拉·特斯拉——一位神一样的发明家,他对人类最伟大、最有名的贡献和发明之一是"交流电系统"。1897 年,特斯拉在发明的交流电系统的基础上利用尼亚加拉大瀑布,发明、设计并建造出世界上第一座拥有 7.35 万千瓦的水力发电站。特斯拉因为发明了交流电而成为爱迪生的竞争对手。1891 年,特斯拉证实了无线能量传输,由此发明了无线电技术,并发明了历史上第一台无线电发射机。他还利用无线能量传输原理发明制造出了人工闪电和人工地震机。现代辐射技术和核磁共振技术都是无线能量传输原理的应用。1928 年,特斯拉发明并获得小型飞机"飞炉"的专利,现代的垂直起降飞机就是这项发明的衍生。1926 年,他就预言了智能手机的发明。特斯拉的发明灵感非常独特,能在大脑中将发明设计想得一清二楚。最终发明制造成功的产品,与他当时大脑中设想的一模一样,他几乎没有失败的发明。特斯拉与他的发明如图 3-2 所示。

图 3-2　特斯拉与他的发明

特斯拉描述他在一次散步中获得电动机发明设计方案的灵感,称这是自己的一个"尤里卡"时刻:

我在回忆录中提到过,一天下午,我和朋友在城市公园里一边惬意地散步,一边背诵诗歌。在那个年龄,我心里能记下整本整本的书,只字不差。其中一本是歌德的《浮士德》。太阳刚刚下山,让我想起了那恢宏的篇章:

落日西沉,白昼告终,

乌飞兔走,又促进新的生命流通。

哦,可惜我没有双翅凌空,

不断飞去把太阳追从!

……

一场美丽的梦,可是太阳已经去远。

唉,肉体的翅膀,

毕竟不易和精神的翅膀做伴。

当我吟诵这些鼓舞人心的词句时,头脑中的想法如一道闪电般划过,刹那间,真理浮现在我眼前。我用棍子在沙里画了图,我的同伴完全理解了,并且六年后我在美国电气与电子工程师学会的演讲中展示了这些图。这些图非常鲜明而又清晰,又有着金石般的实在感,以至于我告诉西盖蒂:"我的电动机在这儿,看我把它翻过来。"我那时的心情难以言表。

特斯拉进一步描述他的灵感："有一段时间,我全身心地沉浸于想象新机器和设计新形式的强烈享受之中。那是就我所知称得上完全快乐的一种精神状态。想法如溪水般不间断地涌来,而我唯一的困难是如何快速抓住它们。"

2. 灵感的类型

灵感的到来可分为 5 种类型:内发式灵感、外发式灵感、梦幻式灵感、偶发式灵感和绝境式灵感。

1) 内发式灵感

- 看影视节目得到

- 看影视节目的某个情节时触发得到

- 看书得到

- 听课、听讲座得到

- 听演讲得到

- 上网得到

- 玩游戏得到

2) 外发式灵感

- 与人谈话交流时得到

- 与人谈话交谈时,因某句话而触发得到

- 研讨会得到(头脑风暴)

- 旅游得到

- 饭桌上得到

- 喝茶、喝咖啡时得到

- 工作中得到

- 受约束时得到(因受约束,按约束要求思考得到)。例如,设计 iPhone 时,乔布斯要求设计的手机只能有一个控制键。设计工程师在乔布斯的条件约束下最终设计出了只有一个控制键的手机。

3) 梦幻式灵感

- 睡觉做梦得到

- 沉思得到(有如做白日梦的感觉)

灵感获得者体会到,夜晚睡前或刚睡醒的半睡半醒(Hypnag0ogia)状态往往容易得到灵感。研究发现,在静静的夜色中闭目而思,由于避免了来自视觉信息和听觉信息对大脑思维活动的干扰,又因为静卧于床,触觉信息对思维干扰的影响也降到最低程度,大脑的思维潜力能够更好地发挥,对问题的思考更易于集中,深思的线索更易于建立起相互的连接,若再加上偶然因素和特殊因素的激发,思维容易产生突破——灵感产生。

　　4) 偶发式灵感

　　由于一直想着某个问题,一天突然冒出一个奇妙的想法。

　　自己一个人在散步,或干其他事情时突然冒出来的美妙想法。

　　5) 绝境式灵感

　　人身处绝境,面临危机时得到。

　　为了摆脱困境而紧张思考,或长时间紧张思考,竭尽思虑、无计可施时,人的思维、想法接近极限。这时,若有某种意想不到的启发(或某种启示),头脑中突然闪现出所思考问题的答案或启示。

　　华特·迪士尼是一位美术设计师,找到一份替教堂作画的低薪工作。他和妻子住在一间老鼠横行的公寓里。不久,他失业了,付不起房租,夫妇俩被迫搬出公寓。二人呆坐在公园的长椅上一筹莫展。突然,从迪士尼的行李包中钻出一只小老鼠。小老鼠机灵滑稽的面孔,让绝望中的夫妻俩开心了起来,心情一下子变得愉快,忘记了眼前的烦恼和苦闷。

　　这时,迪士尼头脑中突然闪过一个念头,对妻子惊喜地大声说道:"我有一个好主意了! 世界上有很多人像我们一样穷困潦倒,他们肯定都很苦闷。我可以把小老鼠可爱的面孔画成漫画,让千千万万的人从小老鼠的形象中得到安慰和愉快。""米老鼠"由此诞生,如图3-3所示。

图 3-3　米老鼠

迪士尼在绝境中,小老鼠的出现触发了他灵感的产生。迪士尼说:"米老鼠带给我的最大礼物,并非金钱和名誉,而是启示我陷入穷途末路时的构想是多么伟大!还有,它告诉我倒霉到极点时,正是捕捉灵感的绝好机会。"

总之,每个人得到的灵感不尽相同,每次灵感的得到条件也不尽相同。其中,做梦得到灵感的人较多,从梦中得到灵感的事也较多;夜晚睡前或刚睡醒的半睡半醒状态,持续思考获得的灵感较多。若在某种情况下,或某种条件下得到一次以上的灵感,你应该重视灵感得到时的情况或条件,尽量把握自己灵感出现的条件。

3. 灵感思维

灵感思维指人们在科学研究、科学创造、产品开发或解决问题的过程中,突然涌现(若不及时抓住,就会瞬息即逝)出解决问题的想法及思维过程。在艺术创作、科技发明中,灵感思维是人类大脑皮层高度兴奋时的一种特殊的心理状态和思维形式。

灵感思维是三维的,它来源于大脑对接收到的信息的再加工,大脑的潜意识结合大脑中存储的信息在瞬间被激发,凭直觉顿悟到事物的本质。

3.2 抓住灵感

灵感具有神秘性的特点。一个人的灵感到来时必须及时抓住,否则会稍纵即逝,并且这个灵感可能永远也不会再来。

1. 灵感意识

灵感到来时,第一是要有对灵感认识的意识,你要知道突然冒出来的想法是灵感。要知道,具有对灵感认识的意识特别重要。否则,即使灵感到来了,由于没有意识而不认识它,只会让它稍纵即逝。更严重的是,这个灵感可能不会再光顾你了。

2. 记录

认识到灵感后,要立即把它抓住。一般会有这样的情况:刚刚到来的奇妙想法,由于没有及时抓住(记录下来),过了几分钟,再想它,结果无论如何再也回忆(记)不起来了,当然这会让人懊悔不已。记录的方法有以下几种。

(1)意识到自己刚刚的一个想法是灵感,立即进一步深入思考。可能的话,进一步完善该想法的细节。进一步思考能帮助自己记住灵感,进一步完善该想法能帮助创新灵感的实现。如前所述,特斯拉的诸多发明全在头脑中完成图纸的设计,并成功模拟运行,实施只需按他头脑中所想的图纸完成制作即可。虽然普通人做不到他那样,但他深入思考的方法是我们需要学习的。

(2)笔记。以文字的方式把灵感记下来。

最经典的事例是奥地利作曲家小约翰·施特劳斯。一次,他在一个优美的环境中休息,突然来了创作灵感,但手边却没有一张纸。急中生智的小约翰·施特劳斯脱下衬衣,把创作灵感写在衬衣的袖子上。著名的圆舞曲《蓝色多瑙河》有幸得以面世。

(3)符号记录。若当时的灵感想法比较模糊,可以把模糊的想法用简单图形的方式画下来,再花时间慢慢完善它。

(4)手机。当今,利用手机的记事功能或拍照功能进行记录,既方便又可靠。

(5)用其他任何可能的方式记录。

谷歌公司认为,不同的人以意想不到的方式聚集在一起,必然会激励创新,三五人的小团队更能激发员工的创新想法。在公司内部的网络平台上,不同部门员工可以随时交流沟通,随时分享好点子、好想法,内容有产品创意、用户体验反馈以及对外部客户的沟通等。

谷歌公司每年投入10%的资源激励边缘创意。公司内部到处可见激发灵感的设施或物件。公司认为:你坐在办公室的时候,灵感并不一定会到来;而你走动时,灵感可能会不期而至。为了保证你捕捉到随时可能到来的灵感,方便把它记下来,以免丢失,办公大楼内随处放置着白色书写板,方便员工随时记下可能出现的灵感创意。

创建灵感获得的条件并记录得到的灵感。特斯拉采用坐在椅子上打盹创造灵感出现的条件,让自己进入半梦半醒的浅眠状态。同时手握一个钢球,当进入半梦半醒的浅眠阶段时,由于肌肉放松,手握的钢球会掉落到地从而惊醒自己。惊醒后立即记录下梦中的想法(灵感),如图 3-4 所示。

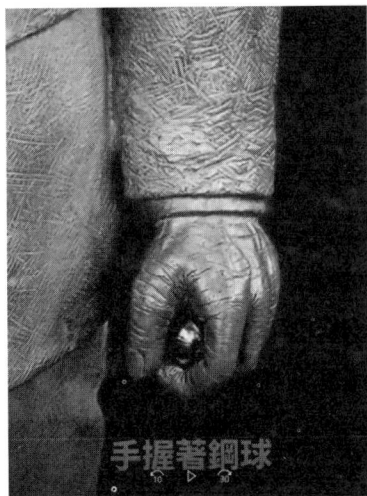

图 3-4　手握钢球

麻省理工学院媒体实验室利用半梦半醒浅眠,发明了记录梦境仪器——多米欧。多米欧被佩戴在手指上,能追踪人体的肌肉放松程度、心跳和皮肤的导电反应等,判断佩戴使用者是否进入半梦半醒状态。当使用者进入半梦半醒状态后,播放预先设置好的声音(通常是一些单词),试着让这些单词进入佩戴者的梦境中,这时,协助者有目的地与佩戴者讨论,记录下他的梦境内容。

3. 灵感实施

获取灵感的最终目的是让灵感得以实施,形成产品(成果)。灵感实施的方式可能是完成一个设计(包括工业产品的设计、某种零件的设计、建筑设计、算法设计、程序设计、产品外形设计、某项设计的修改、完善某项设计);进行一项实验;制作、调试、检测一件产品,撰写一篇论文,编写一本书或一本书中的某章某节等。

把灵感想法的产品设计出来,更新出来。

把灵感想法的文章写出来。

把灵感想法的管理方法以文字方式表述出来。

把灵感想法的广告设计出来。

把灵感想法的歌曲写出来。

把灵感想法的画绘制出来。

把灵感想法的网页设计出来。

把灵感想法的游戏设计出来。

……

这时,需要抛开一切顾虑,如我能不能做好它,这个想法是否为别人已有的,这个产品能否申请到专利……,唯一要做的是义无反顾地把灵感实施出来,一旦有困难,想尽一切办法克服它。实施成功以后,如有必要,再一步一步解决包括专利申请在内的其他问题。

4. 创新环境

一个富于创造力的环境,能让位于其中的每个工作人员都无拘束地表达自己的观点和想法。每个能够发现问题、解决问题的人都会被赋予创新的职能。这样的环境能为创新的想法提供进一步的深入分析和延伸。

谷歌公司对待失败团队的态度是包容。如果所做的产品失败了,不会被扫地出门,可以在公司里寻找合适的岗位,继续做别的项目。

即使创新项目失败,员工还是有可能获得高绩效。

谷歌公司考核,除了考核员工当下的产出,同时考核项目的长远影响。如果所立项目的技术难度足够高,属创新项目,风险系数高,谷歌公司的考核则不仅考虑项目的结果,也考虑项目的开发过程,综合进行绩效评级。创新本质上属于标新立异的行为,具有较高或很高的失败风险。谷歌公司的容错考核机制,促使员工愿意做(也敢做)创新的尝试。正因为如此,谷歌公司高风险、高回报的技术项目才能够层出不穷。

以色列是世界上创新活力最强的国家,其成功的重要源泉就是以平等、宽容失败和独立思考对待创新,对待创新者。

创新并不局限于资源的多少,有时资源少,创意反而多。在这个竞争日益激烈的时代,营造一个宽容、独立思考、富有挑战、具有高度创新力的环境,以吸引创新型人才,更好地激发和发挥他们的才干,这是对有志创新者最大的支持和帮助,是时代的需要。

3.3　创造获取灵感的条件

灵感的产生源自信息的诱导、知识和经验的积累、联想的升华、事业心的催化。人可以有意识地创造灵感产生的条件,促进灵感的产生。美国费城德雷塞尔大学的约翰·库尼奥教授专门研究了创意和注意力之间的关系。他指出:要引导大脑进入静息状态,你所从事的活动就必须维持一种频繁的活跃状态,但又不需要太多的注意力。此外,它必须让你足够投入,不感到无聊,而且得持续足够长的时间,才能捕捉到不间断的思绪。他总结道:"在(灵感产生的)这种状态下,你对周围环境的敏感度减弱了,内心的想法会变得清晰、活跃起来。"

王维嘉博士在《暗知识》一书中指出,知识有明知识、默知识和暗知识。明知识是可以用文字、公式、程序表达的,或者是语言能够说清楚的知识,如浮力定律、牛顿定律,还包括相对论和量子力学等;"默知识"即默会的知识,学骑自行车是典型的默知识,其他的如舞蹈、绘画、拉提琴等;人类既不可感受又不可表达(属人类感官和数学理解能力之外)的一类知识是暗知识。暗知识当前的主要表现形式类似于 AlphaGo Zero 里面"神经网络"的全部参数。人类有 860 亿个神经元,知识学习的基本原理是大脑神经元之间建立起连接这一微观机制,即"赫布学习定律"。

创新者要培养愿用脑、会用脑、多用脑的习惯,要有引发灵感的意识科学地用脑。长期使用能使大脑中相关的神经元变粗、变大,大脑变得灵活;长期不使用,相关的神经元会变细,甚至消失,大脑功能降低。这是大脑的"用进废退"原则。

医学博士米山公启在《海马记忆训练》一书中写道:人的大脑通过海马体完成对事务、学习内容的记忆,如图 3-5 所示。

米山公启博士提出以下针对海马体的锻炼,这些锻炼能促进海马体的活性,增强人的记忆力,激发灵感。

(1)**唤醒身体**。

• 闭上眼睛吃饭。

• 用手指分辨硬币。

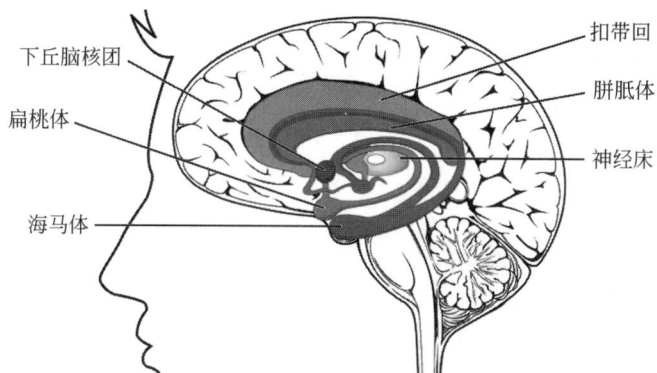

图 3-5 海马体记忆

- 戴上耳机上下楼梯。
- 捏住鼻子喝咖啡。
- 放开嗓子大声朗读。
- 闻咖啡,看鱼的图片。

（2）**寻求脑刺激**。

- 到餐馆点没吃过的菜。
- 把自己的钱花掉。
- 专门绕远路。
- 用左手端茶杯。
- 听不同类型的歌曲。
- 每天睡觉 6 小时。

（3）**积极锻炼左右脑**。

- 去陌生的地方散步。
- 判断自己是右脑型还是左脑型。
- 用直觉做决断。

（4）**补充脑营养**。

- 甜食让你变聪明。
- 吃早餐能活化大脑。
- 多咀嚼可以提高成绩。

（5）**越运动脑子越好。**

- 每天快走 20 分钟。

- 多做"手指操"。

- 尝试全新的运动。

（6）**改善脑活性激发灵感。**

- 记住每次成功的感觉。

- 对自己说"肯定能行"。

- 写 100 件自己喜欢的东西。

- 变换视角看问题。

- 一想到就说出来。

- 让脑偶尔无聊一下。

- 看从来不看的电视节目。

- 亲身体验是脑最宝贵的财富。

- 做个倾听者十分科学。

大脑的思索是否有如网络信息的搜索：信息存储于网络中的某处，查询到所需要的信息，即完成了信息的搜索，建立起信息需要者与信息的连接。

灵感的产生是否与网络中信息的搜索类似。灵感的产生意味着神经元之间建立了连接。妙想、创意（原本，或分散）存储于大脑中的某个或多个神经元中，因为没有关联，所以不能形成想法。某种触发致使原本两个或多个不相关的神经元之间突然建立起连接，表现出的直接感觉是心灵豁然开朗，灵感出现，神经元之间建立起连接（信息被搜索到，或分散的信息被汇总），某个沉思多时的问题由于神经元之间连接产生的灵感而瞬间解决。

灵感的产生一般可遇而不可求，但是，灵感的产生通常需要具备一定的条件，可以人为地创造适合灵感出现的条件。以下 6 方面有助于触发灵感。

1. 知识

渊博的知识包括具有深厚的基础知识，掌握本专业的专业知识，掌握跨专业、跨领域的广博知识。如上所述，知识存储于大脑的神经元中，灵感的产生在于神经元之间的连接。渊博的知识需要众多神经元进行存储，从而增加神经元之间相互连接的概率,促进灵感的产生。灵感能够持续性产生的特点,更加取决于知识在神经元中的积累。要获得持续性灵感的产生,渊博的知识储备是必要条件。

知识对灵感的产生具有向下兼容的特点。换言之,具有较高层次的知识产生的灵感其价值一般比较高,并且其灵感还具有兼容较低价值灵感的特点。虽然灵感的产生不分高贵或低贱,但是知识渊博者得到的灵感一旦实现,其价值通常比较高。

2. 实践

灵感来源于实践,并且唯有实践才能使灵感具有创新的实质意义。具体的实践过程归纳如下。

(1) 多看。

多看包括多看书、多看文章、多参观、多旅游等,目的是提高自己的知识水平,开阔自己的视野,增长自己的阅历。多看是知识渊博的条件之一,多走、多看能够打开眼界,开放思路,促进发散性的思维,促进灵感的产生和到来。

(2) 多问。

创新者不迷信权威、不盲从专家。一般人认为显而易见的现象,他们却能提出疑问。创新者遇事独立思考,会问多个为什么,多提几个怎么办,从事实出发,从需要出发,思考问题、探索问题,寻找解决问题的方法和答案。爱因斯坦对为他写传记的作家塞利希说:"我没有什么特别的才能,只是喜欢寻根刨底而已。"

(3) 多做。

多做包括多做实验、多做习题、多动手。在学习过程中,看似理解的东西,不动手是不可能真正掌握的,更不可能掌握好。培养动手能力,最基本的只有一条,就是多做。工程、编程、歌唱、绘画、体育等方面都需要有好的基本功,多做是获得基本功的唯一方法。

(4) 多沟通。

沟通是萌生灵感的最强催化剂,很多灵感的到来与沟通有关。沟通的另一个重要作用是学习,向被沟通者学习,这样的学习是自觉的或不自觉的,而且,通过沟通的学习是双向的。沟通的双方既是沟通者,也是被沟通者,所以沟通的双方既是学习者,也是被学习者。最美妙的是,沟通的双方都能从沟通中获得灵感,获得收益。

(5)激情与联想。

创新者具有创新激情。创新激情能使人产生一股强烈的、不可遏止的创造冲动,调动全身心的潜力,以加倍的注意力、丰富的想象力、更高的记忆力、更深的理解力投入解决创新的困难和问题中去。所以,创新激情可以有效地诱发灵感。

联想是诱发灵感的有效手段。联想的特征是由一事物引出另一事物;一事物的某一点与另一事物的一点相似、相近或相反,即能产生关联,由此形成由表及里、由此及彼、由近及远(或由远及近)的思维过程。上述多种灵感的类型均与联想相关。

(6)勤奋加专注。

勤奋包括勤于思考和善于思考。历史上创新、发明的大伽们获得灵感,以及获得灵感时的条件无一不与他们的勤奋和专注有关。从某种意义上来说,光有勤奋不一定能够获得灵感。当你专注于某件事情,专注于某项研究、某项设计时,十分勤奋深思的你就会从中得到灵感,取得成功。

斯蒂克利在他写的牛顿传记中这样解说牛顿发现重力定律:"在几株苹果的树荫之下,只有他(牛顿)和我(斯蒂克利)两人,我们谈论了许多事情,他告诉我,当年正是在与此相同的情境下,重力的观念进入他的脑海。那一刻刚好落下一个苹果,于是他开始陷入冥思。"即牛顿沉思于重力问题,苹果的下落触发了他的灵感,使他第一次觉悟到重力的道理。当有人问到牛顿怎么会想到这些前所未知的东西,他回答说:"我经常将一些问题放在眼前,等待第一道曙光缓缓出现,再一步步看到圆满、明亮的光辉。"

牛顿并不会侥幸地因为单一事件或者回到童年的环境,而产生某种推动力,进而得到启发,反而专心研究、绝对奉献、逐步揭露事实真相,才是比较可能发生的情况。牛顿从苹果下落开始他的重力研究,到万有引力原理的完善,前后长达二十余年。

（7）勤观察，善思考。

实验科学是现代科学的基础之一。实验科学注重实验和观察，在实验和观察的基础上再加上思考，是获得灵感、取得成功的有利条件和必要条件。有评论说：学渣与学霸之间的差别就在于是否有深度思考；普通员工与卓越员工之间的差别也在于是否有深度思考。

观察和思考两者之间，从成功的角度来说，思考重于观察。创新需要会思考、勤思考、善思考。有人每天都匆匆忙忙，干事十分认真、刻苦——很勤奋，但是，他却一直不能成功。为什么？因为他只是苦干，不爱动脑筋，没有思考，所以效率很低，只是一个"低效勤奋者"。

"低效勤奋者"要么不会深度思考，要么不愿动脑筋深入思考，或仅仅停留在低级阶段的思考。所以，他们做事的效率低、效能低、成长慢，见不到他们的成功。

特斯拉发现，洞见、直觉或预感必须在头脑中通过严谨的思考和分析来完善。他在1921年描述他的创造性过程时说，"这里是我自己方法的简短描述：在体验到要发明某个特定东西的渴望之后，我会在头脑中使这个想法盘桓数月或数年。每当有点感觉，我就在想象中漫游并思考这个问题，也不需要刻意专注。这就是孵化期。接下来就是直接努力的时期。我仔细选取我正在考虑的问题的可能解决方案，并逐渐把思想集中在一个窄的研究领域上。现在，当我有意只以特定特性考虑问题时，会开始感觉到我就要得到解决方案了。而奇妙的是，如果我这样觉得，我就知道我真地解决了问题，并且应当是得到了我追求的东西。"

成功，必须既勤奋动手，又勤奋动脑。只有有效动脑了，才会有创意，才会触发灵感，才能取得创新的成功。

3. 注重积累

积累可以是知识的积累，也可以是经验的积累，还可以是创意的积累。积累的方式可以是脑记，更可以是笔记或其他的记录方式。现在，人们最方便的，也是使用最广泛的，就是拿出手机把见到的东西拍摄下来，然后慢慢消化。

大数据和 AI 应用，就是信息大量积累并有效应用的创新典范。信息的积累是信息社会最重要的积累。创新者必须做好信息的积累、经验的积累,应用好信息和知识的积累,创新的成功才会光顾于你。

4. 学会搁置

当创新项目遇到困难,久思而不得其解时,有效的处理方法是暂时将其搁置,去做与该项目无关的事和活动,如休闲、散步、聊天、打球、游戏……或去执行另一个项目任务。既然不得其解,那就暂且将其放置一边(俗称换"脑筋"),这是遇到困难事物,行之有效的处理和解决方法。换"脑筋"时,可能在散步、聊天中触动灵感(因为你一直在思考),奇迹出现,久思未解决的问题可能瞬间得以解决。

5. 打破常规思维

逆向思维:逆向思维也叫反向思维。一件事物以常规方式考虑,长时间不能解决,这时应该尝试采用逆向思维或转向思维的方法解决,问题可能就会迎刃而解。

转向思维:包括前向思维、后向思维、由上而下思维、由下而上思维、借脑思维(利用他人的想法,借他人的大脑),这些都是解决疑难问题的惯用和有效方法。

发散性思维:发散性思维十分有助于灵感的产生。打破常规思维方式的出发点就是发散性思维。发散性思维鼓励奇思怪想,有时一个看似荒诞的想法很可能就是一个极具价值的灵感,一旦付诸实施,极可能是一项有价值的创新。

创新创意实施中很有影响力的"头脑风暴法",其重要原则就是"没有坏主意"。换句话说,把"主意或坏主意"过滤一下,使之成为一个好的想法(灵感),结果可能就是一项有意义的创新。

6. 头脑风暴法

头脑风暴法(Brain storming)由美国 BBDO 广告公司的亚历克斯·奥斯本(Alex Faickney Osborn)首创。

在群体决策中,由于群体成员心理因素相互作用的影响,易产生屈从权威或大多数人意见的现象,形成群体思维效应。群体思维会削弱群体的批判精神和创新、创造力,损害决策的质量。头脑风暴法要求在正常融洽、不受任何限制的气氛中以研讨会形式进行讨论、座谈。讨论和座谈要求参加者打破常规、积极思考、畅所欲言,充分发表各自的看法。

亚历克斯·奥斯本认为头脑风暴能从以下方面激发创新思维。

联想反应:联想是创新和产生新观念的基本过程。在集体讨论问题的过程中提出的每一个新观念,都可能引发他人的联想。会议产生众多的新观念,能促使产生一系列连锁反应,形成新观念堆,为创造性地解决问题提供更多的可能性。

热情感染:在不受任何限制的情况下,集体讨论问题能激发人的热情。人人自由发言、相互影响、相互感染,容易形成热潮,突破固有观念的束缚,能最大限度发挥创造性思维的能力,引发灵感的产生。

竞争意识:研讨过程具有一定的竞争性。由于人们存在竞争意识,竞争意识能促使参与者争先恐后地发言,从而推动人们思维机器的运转,进而使独到的见解、新奇的观念喷涌而出。心理学研究表明,人类都有争强好胜的心理,竞争能使人的心理活动效率增加50%或更多。

个人欲望:头脑风暴法重要的原则是,不得批评他人仓促的发言,禁止评论他人的想法,甚至不许对他人有任何怀疑的表情、动作、神色。这项原则保证了个人欲望的实现,每个人都能畅所欲言。

头脑风暴法是当前较为常用的创意收集方式,特点是简单、快速、有效,目的在于促进新观念的产生,激发创新设想的出现。

头脑风暴法应遵守以下6项原则。

(1)庭外判决原则(延迟评判原则)。对各种意见、方案的评判必须放到最后阶段。会议中不能对别人的意见提出批评和评价,认真对待任何一种设想,不管其是否适当和可行。

(2)自由畅想原则。欢迎各抒己见,自由鸣放,创造一种自由、活跃的气氛,激发参加者提出各种想法,包括荒诞的想法,保证与会者思想放松。

(3)以量求质原则。会议追求发表想法的数量,想法越多越好。想法越多好想法产生的可能性越大,这是高质量创新、高质量创造性设想出现的有利条件。

（4）综合改善原则。探索取长补短和改进的办法。除提出自己的意见外，鼓励参加者对他人已经提出的设想进行补充、改进和综合，强调相互启发、相互补充和相互完善。

（5）突出求异创新。

（6）限时限人原则。

头脑风暴法会议的实施须注意以下6方面。

（1）主题。

会议主题明确。会议主题提前通报给准备参会的人员，让参与者有很好的准备。主题通常有以下两种。

设想开发型主题：用于产品设计，或者为课题寻找多种解题思路。要求参与者勤于设想、善于想象、积极表达。

设想论证型主题：用于产品设计方案或者课题方向的确定。要求参与者善于归纳、善于分析判断。

（2）参加人数。

每场头脑风暴的参加人数一般为10～15人（若是课堂教学，可以以班级为单位）。

亚马逊创始人杰夫·贝索斯强调两个比萨原则。如果两个比萨不足以喂饱一个项目团队，那么这个团队就可能显得大了。人的大脑无法处理太多人的意见，人多的结果往往导致人云亦云，无法凸显个人的独特想法。参与的人数越多，会议效率就越低下。

（3）人员组成。

成功的头脑风暴，参会者应由不同专业或不同岗位的人组成。

（4）研讨时间。

一场头脑风暴法研讨的时间一般为20～60分钟。

（5）主持。

头脑风暴法座谈会设主持人1名，主持人只主持会议，对各种设想不应作任何评论。同时设记录员1～2人，要求记录员认真将与会者的每一个设想，不论好坏、是否有效都完整地记录下来。

主持人应以明确的方式向所有参与者阐明主题（问题），说明会议的规则，尽力创造融洽、轻松、活跃的会议气氛。主持人一般不发表意见，以免影响会议的自由气氛。

（6）研讨。

头脑风暴法要求参加的人能够提出尽可能多的方案，在不干扰别人的情况下说出自己内心的想法。每个人应仅说出自己的方案和想法，绝对不要（不允许）对他人提出的想法进行批评和讨论。有人说出一个主意，他人不应对其进行评论，如"这个主意不好，这个主意执行起来成本太高"等。

头脑风暴法要避免沉闷的讨论现场。

主持人要控制好时间，力争在有限时间内获取尽可能多的创意性设想。

进一步了解头脑风暴法及其应用，请读者阅读有关头脑风暴法的专著。

思 考 题

1. 你如何理解爱迪生 1% 和 99% 这句名言？

2. 为什么说灵感具有公平性？

3. 请列举自己曾产生过的灵感。

4. 你能理解谷歌公司包容失败团队是促使创新成果取得的要素之一吗？

5. 为什么说知识对灵感的产生很重要？

6. 什么是发散性思维？它与灵感有何种关联？

7. 你认可知识渊博者得到的灵感一旦实现，价值通常比较高吗？

8. 如何应用头脑风暴法？

9. 你会试着应用头脑风暴法吗？

第4章 勤奋、严谨和坚持

获取知识需要汗水的浇灌,获取灵感同样需要汗水的浇灌。有了灵感妙想,还需要勤奋、严谨、持之以恒地实施,只有持之以恒,勤奋、严谨地抛洒汗水,才可能获得创新的成功。所以,灵感称为创新成功之父,勤奋、严谨、持之以恒称为创新成功之母。

4.1 爱迪生的 1%

托马斯·阿尔瓦·爱迪生(Thomas Alva Edison)与其他的天才一样,有着强烈的求知欲和钻研问题的精神。

爱迪生 7 岁进学校读书。他进的那所学校只有一个班级,校长和老师都是恩格尔先生。爱迪生对所接触的事物喜欢探根究底,会向老师提出各种各样的"怪"问题。老师上课讲了一道 2 + 2＝4 的算术题,爱迪生听了以后向老师提问:"2 加 2 为什么就等于 4?"老师按常规的解答向他做了解释,但他感觉老师的解释不能消除自己的疑问,继续反复地提问这一问题。恩格尔先生对爱迪生无休无止的提问很头痛,认为他"愚笨"。恩格尔先生对爱迪生的偏见,严重到使爱迪生的亲友也有了他"愚笨"的看法。爱迪生在上了 3 个月的学以后被退学回家。

爱迪生的母亲南希是一家女子学校的教师,富有教育经验。南希绝不相信自己的儿子"愚笨"。南希平日一直留心观察儿子,认为爱迪生不但不是"低能儿",而且智力超常,他所提的问题表明自己很有才华。她决定亲自教儿子。在母亲的指导下,爱迪生不到 12 岁就读了莎士比亚、狄更斯、托马斯·潘恩的一些著作,还读了许多历史书籍,如爱德华·吉本的《罗马帝国衰亡史》、大卫·休谟的《英国史》等难懂的书。爱迪生的父亲还引导他攻读了牛顿原理等。家庭的良好教育和影响,使爱迪生从小具有勤奋的精神和超人的毅力。由于家庭生活困难,爱迪生12岁时开始卖报(当报童)帮助家庭。

爱迪生从小就具有强烈的好奇心。他对感兴趣的事物总喜欢亲自体验、试验,直到明白其中的道理为止。他热爱科学,就想方设法挣钱,挣来的钱和省下来的钱都用于买科学书和各种实验用品,他还从垃圾堆里拣些瓶瓶罐罐作为自己做实验的器具。爱迪生的勤奋和兴趣,使他在16岁时就发明了自动定时发报机。

爱迪生对电话机进行改良时,发现传话筒中的膜板会随讲话的声音震动。于是他拿一根针竖立在膜板上,用手轻轻按住针的上端对着膜板讲话。针随着讲话声音的快慢、高低和音调的强弱产生相应的、不同的颤动。爱迪生由此得到灵感,认识到声音能被记录下来。他画了一份草图,让助手按草图制作出一台机器,经过反复多次的改进,留声机诞生了。

1877年秋天的一个早晨,爱迪生带着留声机(图4-1所示)来到纽约一家杂志社的编辑部。他带来的这个东西看起来很奇怪,从来没有人见过。这东西有一个圆筒,上面还有一根长长的金属杆,一端有个大一点的轮子,另一端有个小把手。

图 4-1 留声机

爱迪生把一张锡纸裹在圆筒上，摇了摇把手，让圆筒转起来。金属杆的一端装上一根小针，爱迪生对着圆筒唱了一句婴儿催眠曲。唱完后，提起圆筒锡纸上的针，把针放回刚才圆筒的起始处，再摇动把手让机器转起来。这时，奇迹发生了，刚才唱的婴儿催眠曲，竟一字不漏地被重复唱了出来。

在场的人既惊又喜，整个编辑部沸腾起来。人们相互大声转告，说爱迪生带来了一个会说话的怪物。消息很快传开，市内各家报馆的新闻记者潮水般地涌过来，都想亲眼见到这个世界上最新奇的机器，一时间把这家杂志社挤得水泄不通。发明消息一经传出，社会上立即掀起一股达数月之久的狂热，人人都想亲眼见见这个怪物。为此，铁路部门特地加开了专列，供人们参观这一新奇的发明。

许多人不相信这个发明，怀疑爱迪生事先在里面藏了个什么会说话的东西来骗人。为了"揭穿"它，有个主教用极快的速度对着圆筒（收音盘）背诵了圣经中的一串专门名词，这些名词的声音一字不漏地被机器重复发了出来，至此人们真正相信这个新奇的发明没有半点虚假。

1889 年，在巴黎世博会上，爱迪生看到法国摄影家艾蒂安·朱尔·马雷发明的一种连续显示照片的装置，又看到乔治·伊斯曼发明的新型感光胶片，如图 4-2 所示。

图 4-2　爱迪生与乔治·伊斯曼在摄影机旁

这触发了爱迪生的灵感。"我偶然想到，我可以设计一种像留声机之于耳一样，对眼睛能够发生作用的机器，把两者结合起来，可以把运动的画面和声音全部记录下来，并能同时再现。"由此，爱迪生发明了有声电影。

1883 年,爱迪生继续做电灯的试验。他认为,在灯泡内另行封入一根铜线,可能可以阻止碳丝的蒸发,延长灯泡的寿命。经过反复的试验,碳丝的蒸发依然如故。但是,他却发现了一种现象,碳丝加热后,铜线上竟有微弱的电流通过,这种现象被称为"爱迪生效应"。

遗憾的是,爱迪生没有继续研究他所发现的"爱迪生效应"(属于基础研究,爱迪生擅长应用发明)。1904 年,英国物理学家弗莱明根据"爱迪生效应"发明了电子管。

4.2 爱迪生的 99%

爱迪生为了他的发明理想,勤奋、坚持、严谨地挥洒了他所言的 99% 的汗水。

1. 勤奋

当时,爱迪生的勤奋、不倦工作精神远近驰名。他一做起试验就会忘记休息,实在疲乏坚持不了时,才稍休息一会儿。他的作息时间是每天凌晨三四点的时候才头枕两三本书躺在实验工作台下面睡一会儿觉,或在凳子上睡三四次,每次仅半小时。爱迪生每天的工作时间长达十八九小时。即使到了晚年,爱迪生每天的工作时间仍不少于十六小时。他喜欢挑选同样有精力的人当他的助手。有个自称可以不睡眠的人来到他的公司请求应聘,爱迪生听他说可以"无眠",立即聘用了他,并且与这位"无眠者"一起做试验。他们一起连续工作了 60 小时,这位无眠者再也坚持不了,倒头睡下了。这时,机器发生了故障,发出的巨大轰鸣声也未能把他惊醒,爱迪生还在持续不倦地工作着。

2. 坚持

爱迪生 12 岁时在火车上卖报。他发现火车上有一节供乘客吸烟的专用车厢平常无人。于是他向车长提出请求,希望在这节车厢里给他一点空间,让他做试验。车长同意把这节车厢的一个角落给他使用。爱迪生把化学药品和瓶瓶罐罐搬到那里,每天卖完报以后就在那里做试验。一次,火车开动时发生了猛烈的震动，一瓶白磷被震倒了。我们知道，磷遇到空气会燃烧。车厢失火了，许多人赶来帮爱迪生把火扑灭了。发生这么严重的事故，车长气坏了。车长把爱迪生做实验的东西全都扔出车厢，还狠狠地打了他一个耳光，这个耳光把爱迪生的一只耳朵打聋了。

但是，爱迪生科学钻研的决心没有动摇。他省吃俭用重购了器材，继续做试验。为了做试验，硫酸烧毁了他的衣服；脸也曾被硝酸烧得不成样子，差一点弄瞎眼睛。但是，他没有被这些困难和危险吓倒，为了发明，他继续顽强地做各种试验。

1880年以前，美国流行使用的电灯是弧光灯。这种灯是在电瓶两极的端部接两根木炭，通电后两极相碰以后分开一点距离，两极之间会生成火焰照明。两个炭极是水平的，燃烧时中间产生的热空气上升引两极间的火焰向上，火焰微微弯曲形成弓形或弧形，所以被称为弧光灯。弧光灯的使用需要不断地更换炭条，灯点亮后发出很大的声响，光线很刺眼，耗电量很大，但是，弧光灯的寿命却很短，并且弧光灯一个回路电流只能点一盏灯，点亮燃烧时，还使屋子里的空气很污浊。总之，弧光灯的问题很多，使用很不方便。

1878年，爱迪生开始进行弧光灯的改革创新。他设定目标要搞分电流，改革弧光灯为白光灯。爱迪生为完成这项创新成立了一家股份公司，几个股东共同提供10万美元的资助，用于做电灯创新的试验。

这项创新的核心是找到一种材料做灯丝，这种材料能燃烧到白热的程度，所做成的灯丝要能耐2000℃的高温，并且能够持续使用（燃烧）1000小时以上。白光灯的使用简单，使用时能够承受一般的碰击，每个灯的使用各自独立，即一盏灯的亮和灭不影响其他任何一盏灯的亮和灭，而且价格还低廉。这些条件和要求，在当时来说简直高不可攀。

爱迪生设立发明目标以后，带领他的实验团队开始反复试验。他们先用碳化物质做灯丝试验，失败后又用金属铂与铱的高熔点合金做灯丝试验，还采用上等质量的矿石和矿苗做试验。先后试验的材料近1600种，都失败了。这时，爱迪生和他的助手已经确认：灯丝必须被密封在一个高度真空的玻璃球内，这样，在真空中燃烧的灯丝不易氧化，也不容易熔掉。掌握了这一原理，他们又重新开始了炭质灯丝的试验。

1880 年下半年的一天,试验室里有一把芭蕉扇,扇边上缚了一条竹丝。爱迪生随手把芭蕉扇上的这条竹丝撕成细丝,然后碳化这根竹丝。碳化后的竹丝被做成灯丝,试验的效果特别优异,基本达到了原先设定的目标。爱迪生最早发明的白热电灯——竹丝电灯(图 4-3)试制成功了。

图 4-3　竹丝电灯

竹丝电灯试制成功后,爱迪生派遣助手和专家在世界范围内寻找适用的竹子。后来发现日本的一种竹子制成的碳化灯丝最好,这种灯丝可持续点亮 1000 多小时,这种灯被称为"碳化竹丝灯"。

这种竹丝电灯持续使用了十多年。直到 1908 年,钨灯丝的电灯发明以后才取代了竹丝电灯。

3. 严谨

爱迪生成功的另一个重要原因在于他严谨的科学态度。

为了研制成功白光灯,爱迪生先后对近 1600 种材料进行了试验。这么多的试验都没有成功,不少人认为他不可能成功。当时英国一些著名专家甚至讥讽爱迪生的研究是"毫无意义的",一些记者报道说"爱迪生的理想已成泡影"。

爱迪生回答说:"失败也是我需要的,它和成功对我一样有价值。只有我知道一切做不好的方法以后,才知道做好一件工作的方法是什么。"

爱迪生的回答富有哲理,与他严谨的工作作风相匹配。在他做的所有试验中,他详细地记录了每一次试验的全过程。笔记簿上详细地记录了试验发生的地点、时间，所采用的工具、材料，试验的步骤，试验的各项测试数据，成功和失败的试验现象，以及试验成功和失败的总结等。爱迪生所用的笔记簿有 200 多本，共计 40 000 余页。

正是有了这些试验笔记，才有了完整的试验数据。在碳化竹丝灯发明成功以后，记者采访他，问他失败了一万多次，为什么还能继续研究。他答道："我并没有失败过一万次，只是成功地发现了一万种行不通的方法。"这就是说，有了前面失败的试验，更重要的是有了试验过程和结果的详细记录，就不会重复同样的失败了。换句话说，一次失败的试验被完整地记录下来，就能避免同样的再次失败，离成功也就近了一步。

爱迪生严谨的工作作风还体现在以下方面。

1879 年 10 月，一次偶然的机会，老朋友麦肯基来看望爱迪生。爱迪生看到老朋友的胡子，就要了老朋友的胡子做试验。老朋友临走时，爱迪生又要了老朋友外套的棉线做试验。结果，棉线的试验成功了。用碳化棉线灯丝做成的电灯，点亮了 45 小时，灯丝才被烧断。

但是，爱迪生并不满足点亮了 45 小时的灯丝。他继续进行植物炭化灯丝的试验。他想到，"也许竹丝碳化后效果更好"，这才有了前面所说的竹丝灯丝电灯的发明。

爱迪生进行的白光灯的试验研制，从开始试制到基本试制成功，共历时 13 个月，进行了 7000 多次试验，试用了 6000 多种材料。

留声机发明成功之初，爱迪生对它一改再改。十年后，他又从架子上把落满尘埃的留声机取了下来，重新改进它。连续工作五天五夜，反复修改以后才认为成功了。

碱性蓄电池的研制困难极大。爱迪生和他的一个得力助手研究了近十年，进行了约 50 000 次试验，写了 150 多本的试验笔记，成功发明了蓄电池。爱迪生办了一个蓄电池工厂，进行批量生产，销路一直很好。

经过一段时间的使用，这种蓄电池暴露出几个严重问题。车辆行驶时，电池中的化学液体会流出来，蓄电池用一段时间以后会出现电力衰减的现象。蓄电池需要改进，改进需要时间、精力，工厂要停产。改进蓄电池的决定会降低他所发明的电池在市场上的威信，会带来很大的经济损失。但是，在确定要改进以后,爱迪生毅然命令工厂停产。许多对他的电池满意的客户要求他继续发货,他也一概予以拒绝。有人为了要到货,在经济上对他进行施压,他毫不畏惧。一段时间以后,蓄电池改进完成,暴露的问题得到解决。新的蓄电池更成功,很快畅销各地。

爱迪生被人们认为是一个发明"妖魔",也被人们尊称为"发明大王"。他在美国新泽西州建立了一个实验室。他一生有电灯、电报机、留声机、电影机、磁力析矿机、压碎机等2000多项发明,正式登记的发明专利就达1328项。爱迪生的发明改变了人类的生活方式。

4.3 逆　　商

孟子曰:故天将降大任于斯人也,必先苦其心志,劳其筋骨,饿其体肤,空乏其身,行拂乱其所为,所以动心忍性,增益其所不能。

自古以来,人们对孟子的这句名言都体验深刻。要想成就大事,要想获得成功,必须经得起挫折,经得起失败的考验。发明大王爱迪生经历了数以万次失败的考验和他人的流言蜚语,若爱迪生经受不起这些失败和流言蜚语,怎么能够取得创新的成功呢?

逆商(挫折商,Adversity Quotient,AQ),指逆境处理智商数,指经得起失败考验的商数。一个高逆商值的人,能弹性地面对逆境,能积极乐观地接受困难的挑战,能发挥创意找出解决困难和问题的办法。

逆商与智商、情商并列。智商、情商和逆商三大商数是人们取得事业成功、创新成功的基本保证。对智商(智力商数,Intelligence Quotient,IQ),情商(情感商数,Emotional Quotient,EQ),现代人一般都很了解,知道它们对创新成功的重要性。相对于IQ和EQ,人们对AQ的认识要少得多。逆商指人们面对逆境时的反应能力。当身处困境,遭遇挫折时,如何应对,如何使自己摆脱困境或尽快地摆脱困境,逆商的高低是关键,即逆商的高低不仅衡量一个人超越工作能力的大小,更重要的是衡量一个人超越困难和挫折的能力大小。

熊彼特认为:创新本身主要"不是智力的比拼,而是意志的决斗"。创新的壁垒一般由"做以前没有做过的事情所带来的各种阻力和不确定性"构成。这些困难通常无比巨大,克服它们是企业家特有的职能。熊彼特眼中的企业家就是醉心于创新的创新者。

人们赞赏创新的成功者,更敬佩和赞赏身处逆境,历经困难和挫折而取得成功的创新者。身处困境时要摆脱困境,往往要克服难以想象的困难,这时需要有超越困难的能力,需要有更高的智慧来克服困难(考验 IQ),需要能有效获取他人帮助的能力(考验 EQ),最重要的是,需要有心理上的承受能力(考验 AQ)。没有心理上的承受力,就不可能有超越困难的能力,就没有获得他人帮助的能力,找不到摆脱困境的办法。身处逆境,遭受同样困境的打击时,逆商高的人所产生的挫折感比较低,逆商低的人往往会产生强烈的挫折感。

逆商的高低对自己事业的成功与否意义更大。一般的人才,成功的概率比例如下(天才不在此列,天才的 EQ 往往较低):

$$成功(100\%)=IQ(30\%)+EQ(30\%)+AQ(40\%)$$

有的人大学毕业以后,找工作,做事业,立志创新,但是,总觉得命运好像与自己过不去,干什么事都不顺利。明明自己的 IQ 和 EQ 都高,却实现不了自我价值;明明自己的理想很不错,完成起来难度也不大,但是总会遇到一些挫折;明明挫折也不大,结果还是失败了。总之,自己的梦想就是难以实现。发生上述情况,建议找找自己逆商方面的原因。上述挫折发生时,是否一遇到挫折就选择了退出,或是埋怨他人,或是跳槽……

工作中,在创新创业的过程中遇到挫折应该很正常。但是,如果一遇到挫折就纠缠,而不是勇敢地面对挫折、面对困难、面对失败,最终失败的结果也就是必然的了。这里所说的一个人的逆商要高,道理也就在此。当今,科技创新、技术创新、管理创新的竞争日趋激烈,在全球鼓励创新创业的今天,创新创业的队伍何其庞大,但真正成功者只是少数。立志在其中拼搏,就要有承受失败的思想准备,至少要有承受前期创新创业失败的思想准备,这是逆商要高的必要性。锻炼自己,提高自己的逆商,在承受失败的过程中提高自己的专业技能,提高自己的管理能力,绝不能一遇到挫折,一遇到失败,就反复地找其他原因,抱怨别人,选择退出。面对挫折、面对失败,应该像爱迪生那样,把(失败)经历作为试验看待,把整个试验过程记录下来,避免下次犯同样的错误;发挥自己的智力解决困难,争取他人的帮助让自己尽快走出逆境。

高逆商者应该做到以下几点。

（1）挫折控制力高。高逆商者面对困难、面对挫折、面对失败，首先想到的是：困难不算什么，总有解决的办法。

高逆商者绝不会逃避困难，更不会想方设法推卸责任。

（2）会积极地调查失败的原因，找出问题所在。

（3）不埋怨。在遇到挫折、经受失败时不怨天尤人，积极地找自己失败的原因。

（4）能正确地处理事件。在哪里跌倒就在哪里爬起来，然后把负面影响控制在一定范围内，让自己迅速地走出困境。高逆商者绝不会在困境中消沉。

（5）迎接新的、更大的挑战。

高逆商者面对逆境是越挫越勇。对于创新和创业，他是屡战屡败，但更是屡败屡战，直至取得最后的成功。高逆商者往往拥有不可思议的能力，他们总是充满希望，保持乐观。试想，你能否学习爱迪生，在 7000 次失败后能够说出"失败也是我需要的，它和成功对我一样有价值。只有我知道一切做不好的方法以后，我才知道做好一件工作的方法是什么"。

说到承受失败的打击，可以在此回顾一下乔布斯。乔布斯亲手创建了苹果公司，改变了人们对计算机的认识，改变了人们使用计算机的方式。但是，他却被自己　于创建的公司炒了鱿鱼。这个失败不可以说不大吧，若这件事情发生在你的身上，你会如何对待呢？

据说，乔布斯当时像一个无助的孩子，愤怒、失望、迷茫、痛心，不知道何去何从。但是，乔布斯却立即创建了 NeXT 公司，很快他又跨入动画电影业，与人合作创立了皮克斯公司，养精蓄锐。最后，苹果公司以 4 亿美元的代价收购了NeXT 公司，阔别 12 年之久的乔布斯重新回到苹果公司。重新回到苹果公司的乔布斯再也没有虚度年华，他充分发挥了自己的聪明才智，创造了一个又一个的辉煌。

不论是竖看历史，还是横看世界，都可以发现，自古以来取得巨大成功的人，一般都有遭受过大的挫折和承受多次失败的经历。好像有这样的规律：一个人遭受过的挫折大小与他能取得成就的大小成正比。一个能够取得持续性成功的成功者，人们不会否认他的智商和情商，他也一定是一个高逆商者，他也可能遭受过很多的挫折和失败。爱迪生、乔布斯的经历和成功充分证明了这一点。

一个人一生都在顺利的条件下成长,他的心理承受力不可能强大。温室里培养出来的花朵,肯定经受不住暴风雨的打击。

我们经常看到这样的报道:某某学生承受不了×××事情,跳楼自杀。为什么承受不了这些事情?如果进行调查,一般都能发现自杀者从小一直受到家庭成员的溺爱,没有受过挫折和失败的打击。所以,当发生了一件事是他前所未见的,他自我感觉无法应对,不知如何处理,绝望了,就选择自杀这样的极端行为。若在成长过程中,他经受过失败,经受过多次的挫折,就会有挫折和失败的免疫力,他就不容易绝望,就不会轻易选择自杀这样的极端行为了。

大学生竞赛,若参赛失败,参赛队员会有很强的挫折感和失败感。赛场上,领队和指导老师需要反复告诫队员要做到胜不骄,败不馁。一旦他们(特别是那些非常投入的队员)比赛失败,就可能痛哭、躲避、意志消沉。这时,领队和指导老师需要做他们的思想工作,要鼓励、帮助他们,告诫他们要能经得起失败的考验。这次失败了不要紧,继续努力,下次参赛再夺取胜利。2009年,孔雷同学首次参加计算机设计大赛时大败而归,但他没有放弃,寻找差距后第二年再战。他说"新成立的创新实验室文科组,在毫无经验的情况下参加了第二届全国大学生(文科)计算机设计大赛的比赛,我的作品的主题是'英语平台研究'。面对全国各地高校,我们根本没什么优势可言,看了别的团队的参赛作品后我们看到了自己的差距。"

2010年,在第三届"中国大学生(文科)计算机设计大赛"中他们夺得一等奖。他说:"我们吸取2009年参赛失利的教训,借助黄山的地缘优势,以徽文化为根基创作参赛作品,使作品具有明显的地域特色,加上赛场上淋漓尽致的发挥,终于在激烈的大赛竞争中脱颖而出。这一切最初还是来自计算机设计大赛的触动与震撼,竞赛让我深刻地看到计算机应用的神奇与美好,竞赛磨炼了我,特别是首次竞赛失败后,重拾自我、奋力拼搏的经历为我的职业人生带来了巨大的影响。"

美国第17任首席大法官约翰·罗伯茨(图4-4)在他儿子毕业典礼上的一个讲话可以说是对逆商的一个最好注解。他说:"我希望你不时受到不公的对待,唯有如此,你才能感受到正义的可贵。我希望你能尝到被背叛的滋味,唯有如此，你才能领悟真诚的重要性。虽然这么说很抱歉，但我希望你每天感到孤独，唯有如此，你才能明白友情并非理所当然，而是需要努力经营的。我希望你经历几次厄运，这样你才会发现生命中机遇的意义，你的成功并非命中注定，他人的失败也非天经地义。当你失败时，我希望你的对手嘲笑你，这将使你明白体育精神有多重要。我希望你偶尔被别人鄙视，唯有如此，你才会学到如何尊重与聆听。我也希望你经历磨难，这样你才能学会同情，无论我是否有这样的愿望，这些都是迟早会发生在你生活中的事。是否能领会我说话的含义，全看你能否从生活的磨难中吸取教训。你应该做的是为自己而活。尽管你已相当完美，但不要太自我，要不断地精进。希腊哲学家苏格拉底曾说：未经审视的生活不值得活。活得好的诀窍在于不强求美好的生活，虽然这么说很抱歉，但我希望你每天感到孤独。多年来，我认识了许多像你们一样的年轻人，我知道你们都是优秀的孩子，受到青睐，但投入全新的环境后，一切不再如昔。我奉劝你们别表现得高高在上，对那些正在打扫树叶、铲雪或倒垃圾的人们不可鄙视，遇到不认识的人时，应直视他们的眼睛，并微笑打招呼。以后，人们会记得你是一个会微笑打招呼的年轻人，这样挺不错的。"

图 4-4　约翰·罗伯茨

　　林肯总统自逆境中成长起来。他出身贫贱、低微，没有受过正规的教育，靠自学成为律师。为了维持生计，他当过摆渡工，当过种植园工人、土地测量员、店员、木工，失业后自己试着创办企业，但不到一年企业倒闭，弄得满身债务。

他有一个女友,离结婚还剩几个月,女友却不幸去世。面对这一系列逆境,林肯的名言是:"虽然有过心碎,但依然火热;虽然有过痛苦,但依然镇定;虽然有过崩溃,但依然自信;因为我坚信,对屡战屡败的办法,就是屡败屡战,永不放弃。"

人们对他的评价是:"他是一位达到伟大境界而仍然保持自己优良品质的罕有的人物。"

4.4 立志和持之以恒

创新成功的第一要素是立志,即要设定创新的奋斗目标;第二要素是勤奋和严谨;第三要素是持之以恒。

1. 立志

有志创新者设定创新目标,忌一步登天。也就是说,不要一下子把创新的目标设定得很高,要求设定得很难。要正确衡量自己的能力,设定一个长期的总目标。在总目标的框架之下,设定分步目标,每一步目标的设定应比自己当前的能力稍高一些为好。即如前所述,第一步的目标设定应是"跳一跳能够摘到苹果"为合适;当第一步的创新目标实现以后,再设定和调整新的目标,同样以"跳一跳能够摘到苹果"为原则……逐步设定、逐步调整,一步一个脚印地让自己向更高层次、更高水平发展。

斯坦福教授戴蒙认为:目标,是达到目的的手段。人每天可以有千百个目标,享受一本好书、看一场电影、买一份好礼物……。目的则必须有意义,是遥远、长期的目标,是一个你想去的方向,你一生想往哪里去?你想成为一个怎样的人?是一个希望对世界或其他人有怎样帮助的目标。有了目的,再一步一步安排各种目标,一步步达到那个目的。

目的影响人生的快乐和满足。父母、老师不应直接告诉孩子你的人生目的是什么;必须用引导的方式帮助孩子确立自己的人生目标,用身教和对话的方式帮助他达到自己的人生目标。

2. 持之以恒

合适的创新目标和创新项目设定以后,接下来是努力实现它,完成它。要达到创新目标的实现,创新型人才需要有高逆商,要有遇到困难坚持不懈地奋斗,为实现目标持之以恒努力的精神。持之以恒自古以来就是成功者最重要的品德之一。

曾国藩极为器重"恒",他多次论述"恒"的重要性:"凡人作一事,便须全副精神,注在此事。首尾不懈,不可见异思迁,做这样想那样,坐这山望那山。人而无恒,终身一事无成。"没有一个成功者不具有遇困难能保持坚持不懈的斗志,持之以恒的毅力。一个三分钟热度的人,做事往往会半途而废,没有恒心,没有耐心,最终定是一事无成。

有大智慧才有大境界,才有大人生。一个立志创新者,需要立志高远。立志高远者,心怀大格局,具有高的境界,遇到困难会有极大的决心克服困难,具有永不言败、持续奋战的坚强毅力。这里再补上一条:胜利时也更能虚心以待。

我很欣赏诗句:眼界高时无物碍,心源开处有波清。

爱迪生说:"天才是百分之一的灵感加上百分之九十九的汗水"。这百分之九十九的汗水毫无疑问是坚持不懈、持之以恒换取来的。爱迪生的立志那么高,他对自己的要求那么严,为了发明电灯,他承受了几千次的失败,更承受了他人百般的冷嘲热讽。但所有的打击都不能撼动他创造发明的决心,所以他能取得那么多、那么大的成功。

一个有创新经历的人可能有这样的体会:在创新的实践中遭遇到一连串的失败,感觉实在难以坚持时,暗暗下决心再坚持一下,结果奇迹出现,成功和胜利终于到来。"十年窗下无人问,一举成名天下知"这句诗很好地表达了此情此景。创新成功之际,成功的感受、成功时的激动心情令人终生难忘。一个没有创新经历、没有饱受困难、没有坚持到底的决心、没有持之以恒毅力最后夺取胜利的人,不可能获得历经挫折、最后夺取到成功的感受和体会。

诺贝尔奖得主、硅谷天才的偶像费曼说道:"我这人碰到难题,总是不解决不罢休。""发现问题出在哪里,想办法修好它,这正是我感兴趣的,像解难题一样。"正如费曼自己所讲:"我有解谜的嗜好。这就是为什么后来我要开保险箱,去辨认玛雅人的古怪文字的原因。"他从小就树立起这样的观念:人生的意义在于努力解开自然之谜。

他的学生希布斯对他的评价是"挑战和挫折、超人的才识和激情,以及从科学探求中获得的极大快乐,这正是他生活中幸福的源泉"。

思 考 题

1.你认可把勤奋、严谨、持之以恒称为创新成功之母吗?

2.爱迪生严谨的工作作风主要表现在哪些方面?

3.取得事业的成功,你同意 AQ 比 IQ、EQ 重要吗?

4.试列举自己身处逆境时的奋斗经历。

5.你认可约翰·罗伯茨的讲话吗?

6.你有过屡战屡败、屡败屡战最后取得成功的体验吗?

7.你如何为自己设立人生目标?

8.你会以"跳一跳能够摘到苹果"的方式设立自己的人生目标吗?

9.你是否有经历失败后,又坚持一下取得成功的体验?

第 2 篇

创新能力培养

To know what to do is wisdom，to know how to do it is skill(清楚做什么是智慧,清楚如何做是技能)。具有创新思维和创新意识,使自己清楚应该做什么;具有创新能力,则使自己清楚如何做。哲学家艾尔弗雷德·诺思·怀特福德认为:才智(intelligence)与才干(ability)截然不同,前者是对事物迅速领会理解的能力,而后者是就所理解的事物采取明智行动的能力。有强烈的创新需求和创新愿望,若没有创新能力,犹如巧妇难为无米之炊,绝无获得创新成功和创新成果的可能。

创新能力是一种复杂的能力。它是在创新意识的指导下,通过创新活动和创新行为获得创新成果的能力。创新能力包括知识、认识、情感、意志和动手能力,还包括能从人们日常的应用需求、市场需求中以敏锐的眼光探索到创新项目,并完美实施获得创新价值的能力。创新能力强意味着不因循守旧,不循规蹈矩,不故步自封,是人类智慧的最高表现形式。

创新能力来源于真才实学。真才实学的获得是一个日积月累、循序渐进的过程。STEM教育强调创新人才基础知识、专业知识、动手能力、实验观察能力、求真判断能力的培养。学科竞赛具有导向性(科技发展的导向)和激励性,具有教育和实训的综合作用。学科竞赛是培养创新人才的最有效实践,是培养创新型人才的摇篮,能使人才的创新能力从无到有,由弱变强,迅速提升。

STEM是科学(Science)、技术(Technology)、工程(Engineering)及数学(Mathematics)四门学科的简称。STEM教育对跨领域的知识进行综合,鼓励学生把学到的科学、数学以及其他学科的知识应用到生活实践中,培养他们的创新与实践能力。

第 5 章　知识

知识是创新之本、是创新成功之本,有了知识的武装,才能在创新上有所作为。人学习了知识可以变得聪明;聪明的人学习知识可以变得很聪明;一个很聪明的人学习知识就可能成为天才。知识促进人类社会的发展。没有知识,创新的机遇放在眼前也往往识别不了。在科学技术高速发展的今天,知识更是创新成功不可或缺的基础。有谁能想象一个没有学过程序设计的人、一个没有算法知识的人能够应用计算机这个工具解决创新中的计算问题?

5.1　基础知识与创新

享誉全球的教育家,1993—2013 年担任耶鲁大学校长的理查德·查尔斯·莱文(Richard Charles Levin)说:"如果一个学生从耶鲁大学毕业时,居然拥有了某种很专业的知识和技能,这是耶鲁教育最大的失败。"他还说:"真正的教育不传授任何知识和技能,却能令人胜任任何学科和职业。这才是教育,也是判断一个人是否受过教育的标准。"

如何理解莱文校长这段话的意思呢?

莱文校长认为,"本科教育的核心是通识教育(liberal Education),是培养学生批判性独立思考的能力,为学生的终身学习打下基础。"即大学教育强调基础知识的传授,强调学生对基础知识的掌握。若只是教授学生某项技能,学生学到的或掌握的仅仅是这一项技能,知识面的狭窄使他不可能做到举一反三。莱文校长所说的成功教育指教授学生基础知识,学生一旦牢固地掌握了基础知识,他定能胜任任何学科和职业。

1. 人生各阶段的学习

现代人的一生在不断的学习中成长、前进。一个人从小学到大学,各阶段所学的知识与人的一生存在以下关联关系。

一个人小学所学的知识将为他一生所用,即小学教授的知识在人一生的生活中100%都用得上。小学学习的语文和算术是最基础的课程,是生活中都离不开的基础知识。人老了,去菜场买菜得用小学里学会的算术;不论是看报,还是看书,甚至是用手机读和看、发短信或微信,都得用小学老师教授的语文知识。

一个人中学所学的知识,在人生的继续学习和生活中大约70%用得上。中学学习代数、几何、地理、历史等知识,为大学的学习打下基础。即使不读大学,这些知识的大部分(这里总结大约为70%,具体比例因人而异)在人一生的工作、生活中都必不可缺。

一个人大学学习的知识,在他毕业时大约50%是用不上或被淘汰了的。一般来说,大学学习的知识,毕业时没被淘汰的应属于基础课程中所学的基础知识。即使从事专业对口的工作,大学中的很多专业课知识不是已淘汰,也往往面临被淘汰。

道理很简单,因为社会发展太快,科学技术发展太快。大学教授的课程,其内容必须按专业的培养目标设置。进入大学课堂的教学内容必须已经经过社会实践的检验,要求其具有一定的共性,对学生后续的专业学习和应用具有一定的指导意义。原则上不能把一项最新发明的技术、最新创新的成果直接拿到大学课堂上。最新技术、最新的创新应用成果进入技术性的短期培训班,在培训班进行培训不会产生异议,直接进入大学课堂就不合适了。这是大学所学知识很多可能是淘汰的内容的主要原因。

上述论点建立在所学专业与工作相匹配的基础上。若毕业后所从事的工作与所学的专业不对口,则上述大学所学内容毕业后不能应用的比例会更高。这也解释了现实生活中不少人大学毕业以后,必须立即参加培训班,弥补自己所缺失的,以及当前工作急需的专业应用知识的原因。

注意:这里说的是弥补专业知识,不是弥补基础知识。正如莱文校长所言,好的大学教育,应该让你掌握了必要的、扎实的基础知识。这样,你就可以应对工作实践中的任何需要,甚至可以应对终身学习所必须。

2. 大学课程分类

大学的课程分为基础课、专业基础课和专业课三大部分。专业课以专业基础课为基础,专业基础课以基础课为基础。要想专业课学得好,必须学好专业基础课,其先决条件是必须学好基础课。三部分课程中,基础课的学习最难,专业课的学习最省力。原因很简单,基础知识掌握了,基础扎实了,后面的学习当然容易了。

中小学学习的内容和知识是大学基础课的基础。所以,中小学的学习如果不够努力,基础知识没有扎实地掌握(基础没打好),大学的学习就会很困难。

有句著名的话:学好数理化,走遍天下都不怕。这句话的核心意思是,学好、掌握了基础知识就能够胜任任何工作,做任何自己想做的事业。

什么是理科?重视理论研究的专业是理科,一般指数学、物理、化学等。

什么是工科?重视应用的专业是工科,一般指计算机科学、材料科学、通信、机械、化工等。

不论是理科还是工科,基础课,即基础知识的教授和掌握要求基本相同或相似。

你可能会说,数学、物理、化学属于理工科,我喜欢文科,我学的是文科专业。要知道,数学被誉为科学的皇后,是所有学科的基础,包括人文科学。文科生中流传的一句话是:得数学者得文科天下。今天,计算机已经广泛普及,是各行各业不可或缺的工具,计算机应用的基础是数学。数学思维与理论相结合,能帮助一个人建立起完整可靠的世界观,能让你在高度不确定的环境中具有良好的应对风险的能力。

在信息社会,数学思维延伸到计算思维(Computational Thinking)。计算思维由美国卡内基·梅隆大学计算机科学系主任周以真(Jeannette M. Wing)教授提出。计算机的普及应用,要求人们理解和掌握计算机解决问题的处理方式(程序指令),需要以计算机科学的基础概念进行问题求解、系统设计。在生产、生活中遇到的问题,需要快速判断问题的可计算性,通过(使用)计算机完成计算。后信息社会人需要以计算机运算的机理,以算法及编程的思路解决问题,即以计算机的计算方式解决生活需求、市场需求中的问题;利用计算机这个工具,以计算思维方式(计算机的运算方式,计算机科学家的思维方式)思考和解决专业问题,完全不区分是文科专业还是理工科专业,有艺术专长还是有科技专长。

随着信息社会数字化趋势的加强、人工智能的迅猛发展,计算思维被认为是未来人们都应具备的、与数学和读写能力一样重要的基本素养。编程教育则是促进学生计算思维发展的重要途径。受美国的影响,欧洲各国十分重视计算机科学、编程和计算思维教育。在欧盟发布的《数字教育行动计划2018》中,编程被认为是与读写一样重要的基本素养与能力,已进入欧盟所有学校的课堂。

3. 复旦大学课程七大模块

复旦大学将文理科大学生所应学习的课程分为七大模块,按这七大模块设计核心课程体系,主导原则是:突破单纯的"专业视域"和单纯的"知识视域",从培养中华民族新时代一代新人的角度出发,为学生提供能够帮助其形成基本的人文修养、思想视野和精神感悟的课程。

第一模块:文史经典与文化传承。

该模块课程的基本目标在于通过中国文化经典的阅读,对中国文化传统有切实的认识和理解,对文化传承有生动的体会和主动的担当。这是培养复旦大学学生人文情怀的重要方面,是学生学习中国文化和智慧传统的主要途径之一。通过相关课程研习过程中潜移默化的作用,达到三个教学目标:第一,使学生从传统文化中获得一种安身立命的根本;第二,使学生逐渐具备一种文化传承者的使命感;第三,使学生初步理解人文研究的根基。

第二模块:哲学智慧与批判性思维。

这一模块主要是哲学和宗教经典的研读课程。进入此模块的经典分为三类:中国哲学经典、西方哲学经典和宗教经典。这一模块旨在帮助学生找到一条进入哲学家思想境域的门路。

第三模块:文明对话与世界视野。

这一模块是对世界诸文明类型形成框架性理解,由此实现对人类文明的丰富性和多样性的理解,探索不同文明彼此沟通、相互体认的可能途径,发现文明之间实现知性对话的空间。历史与理论并重,通过教学帮助学生逐步形成中、西、古、今文明比较视野,进而帮助学生养成在不同视角之间的转换能力、学术思考能力和提问能力。

第四模块:社会研究与当代中国。

这一模块通过对社会科学理论的介绍以及适当的社会科学方法的训练,培养学生运用科学、理性、批判和比较分析的能力,以使用社会科学的视角审视中国和世界的能力。

第五模块:科学探索与技术创新。

这一模块通过讲授数学、自然科学与工程技术的重要知识点、方法论或发展历史、现状和趋势,增长学生的基础科学素养,使学生逐步建立对人类自身和世界的科学态度,塑造理性批判、数理逻辑、科学探索和求实创新的精神。

第六模块:生态环境与生命关怀。

本模块以生命和生命科学的发展史为主线,以人与自然、人类社会发展面临的现实问题为切入点,将生命认知教育、情感教育和意志教育有机结合。通过本模块课程的学习,引导学生深入理解生命的意义,了解自然与生命的发展规律,关注人与自然、人与社会的协调发展,培育保护环境的自觉意识,倡导健康的生活方式和生活态度,树立保护生态、敬畏生命的价值观和道德观,实现科学精神与人文关怀的渗透交融。

第七模块:艺术创作与审美体验。

通过审美教育,增强学生的感性鉴审能力、内在能力和各种知识的交汇融通能力以及综合创造与表达能力,同时促进学生对古今中外优秀艺术作品的了解,接受人类文明真善美理念的熏陶。

在世界一流的大学中,学校安排课程只是为了给学生提供参考,而不是命令式地让学生服从、接受。

理查德·查尔斯·莱文校长是这样告诫新生的:"耶鲁大学开设2000多门课供你选择,而你不得不错过98%的课程。但是我要督促你们多尝试不同的课程。每一个学科代表着人类的不同经验,任何一个学科都能够给你提供不同的窗口,去领略自然界和社会的文化积累,让你能够从不同角度看世界。如果关于选课让我给你们一个忠告的话,兴趣尽量广泛,尽可能涉猎多种学科。不要抱着这样的信念:上大学时选定的学科是最适合自己的。尝试选一些完全超越你以前知识经验的课,这样不仅可以扩大你的知识面,还可以发现你自己意想不到的巨大潜力,甚至可能改变你的人生。"

4. 基础知识的作用

数学和语文等基础的知识与运用,永远是个人及团体生活中不可或缺的。任何一门专业课都涉及多方面的基础知识。也就是说,每一门专业课必定会涉及一门以上基础课的知识,没有哪一门专业课仅限于某一方面的基础知识,仅限于某一门基础课所涉及的内容。

这里以计算机科学中的数字存储为例,来看基础知识在现代科学技术中的应用。硬盘属于电磁存储,采用磁存储方式存储二进制数值,利用的是物理学中电与磁的基础知识。磁的物理特性为:每个磁单元都有一个 N 极和一个 S 极,改变作用于磁单元的电流流向可以改变磁单元的极性。

为了存储数值信息,磁盘的盘片被分为一个个同心圆(磁道),磁道被划分为一个个扇区。每个扇区存储 512B 的二进制数值,即一个扇区被划分为 4096 个存储单元。每个存储单元(磁单元)是一个最小的存储单位——比特(b)。硬盘需要经过低级格式化处理。低级格式化能确定盘片上的每个磁单元,并将每个磁单元的 N 极指向某个方向,或认定该方向为二进制数值的 1。当通过磁头对磁单元施加反向电流时,将改变磁单元的 N 极指向(反向)。N 极被反向的磁单元,或认定该磁单元所存储的数值已由 1 变为 0,这就是物理学的基础知识在高科技中的应用。

如图 5-1 所示为温彻斯特(Winchester)硬盘的内部架构,其中包含盘片、磁头、主轴、控制电机、传动手臂、磁头控制器等。硬盘读写数据通过磁头完成,每个磁面对应一个磁头,磁头采用非接触式结构。硬盘腔体内高度无尘,被注入了高纯度的气体,以保证工作期间磁头悬浮在盘片上面,离盘面数据区 $0.1 \sim 0.3 \mu m$ 的距离。归纳起来,硬盘涉及的专业知识有电磁知识、机械知识、空气净化和空气动力学知识、材料科学知识、自动控制知识等。

我们从事的任何一项工作,研究的任何一项课题,所完成的任何一项发明与创新,都不可能仅限于某一专门知识的应用。重大的发明和创新一定是多学科知识的综合应用。重大的发明与创新离不开知识体系和知识结构的更新,离不开团队的协作,一定是集体力量和集体智慧的结晶。

图 5-1　温彻斯特硬盘

一个人具有渊博知识,具有"精深"的专业知识,一定建立在对基础知识透彻理解的基础之上。当他进行创新实践时,一定需要综合性地利用自己所掌握的知识。这些知识涉及多方面的专业知识和基础知识。在工作和生活中,在发明和创新中能够体会专业知识和基础知识所发挥的作用。但是,要想具体区分究竟在何处用到了何种基础知识,一般来说做不到,或很难区分。

5. 阅读

计算机类书籍,让人有读起来很难读得进的感受。通篇读,往往读了后面忘了前面,很难理解书中论述的计算机理论和应用。计算机应用是典型的工程应用类科学,与实际操作密切相关。总结起来,工程应用类书籍的学习方法可归结为 8 个字:**边学边用、边用边学**。

(1)边学边用。初学者应边读边用(边操作),读一部分,上机操作这一部分,以促进对其的理解和掌握。边读边操作,会操作也就达到应用的目的了,在应用的基础上逐步理解和掌握其中的理论知识。

(2)边用边学。有了前述对书中内容的操作应用和初步理解后,不必死记硬背书中的应用论述。再次应用中,遇到不懂或忘记如何操作之处,犹如翻字典般去查书,即把教材当工具书使用。

书(特别是教材)的序言一般是本书(本教程)内容的归纳性精要介绍;每章

的引言一般是本章内容的归纳性讲述。读者应认真仔细地阅读书的序言和每章的引言,这对理解一章的内容和全书的内容帮助很大。试读序言和引言,进而读全章内容及全书内容,可看成书由薄读到厚的过程;然后再回头读本章的引言及全书的序言,做到理解其论述,则可看成将书由厚读到薄的跨越。

每个人都有自己最佳和最有效的阅读学习时间,这与每人的"生物钟"有关。有人适合晨读,有人适合夜读。应在适合自己的阅读时间阅读,这将能取得事半功倍的效果。

5.2 知识广博与创新

拥有 35 个荣誉博士头衔的胡适(图 5-2)对知识的广博是这样说的:"理想中的学者,既能博大,又能精深。博大要几乎无所不知,精深要唯他独尊……这样的人,对社会是极有用的人才,对自己也能充分享受人生的趣味"。

知识渊博者对知识的掌握具有博与精两大方面。博学者具有两个层次的博与精。

一是本专业领域内的博与精。现代科学的发展使专业分工越来越细,专业知识面一般都很窄,对专业知识的深度要求比较高。在满足专业知识"精深"的基础上,能很好地拓展和掌握本专业领域内的知识及相关技能,或许可以称这类人才为"专博"型人才。

图 5-2 胡适

二是本专业与非本专业之间的博与精。达到这样要求的,通常仅仅为了满足自己个人的兴趣和爱好。为了兴趣,他会读很多广而杂的书来拓宽自己的视野,开阔自己的思维,增长自己的见识,使自己的思想达到"睿智"的高度。"博"学(博读),使得自己的知识广博,修养深厚,并且在知识广博的基础上,于某专业方面又相对地"精深",或许可以称这类人才为"博专"型的人才。

博而专的创新型人才,具有广博而精深的文化内涵,深厚而扎实的基础知识。他们需要了解相邻学科及必要的横向学科知识,又要精通自己本专业的知识,掌握本学科本专业的最新科学成就和发展趋势,需要对自己的知识不断积累,以使自己的眼界更为宽广。当站在更高的境界进行创新实践时,创新成果的层次一定很高,成功的创新成果可能是令人瞩目的。

知识广博者若作用于创新实践,会较一般人的创新能力强。乔布斯是电子电路方面的博学者(在电子电路方面,沃兹尼亚克是更为精深的博学者);但在编程方面,乔布斯则只博不专(比尔·盖茨曾评论说乔布斯不懂编程);在艺术设计、产品设计方面,乔布斯不仅博而且专。不可否认,乔布斯是艺术设计、产品设计方面真正"博专"型的创新大伽。

乔布斯是如何成为"博专"型的创新大伽的?

乔布斯对全体斯坦福大学毕业生的演讲可参阅 2.2 节。乔布斯说:"书法的美好、历史感与艺术感是科学所无法捕捉的,我觉得那很迷人。……我没预想过学的这些东西能在我生活中有什么实际作用,不过十年后,当我设计第一台 Macintosh 计算机时,我想起了当时所学的东西……当我还在大学里时,不可能把这些点点滴滴预先串在一起",他总结自己的人生顿悟是"求知若饥,虚心若愚(Stay Hungry, Stay Foolish)"。请特别注意所引乔布斯演讲中的两句话。"博专"型的博学者(创新者)之所以博学,主要是他们的兴趣使然。为了满足个人的兴趣和爱好,他们通过自学,通过博览群书获取渴望获取的知识。并且,他们在自学时,在博览群书时只关注自己的兴趣,没有目的,不考虑作用,没有想为什么要读这些书,要学这些知识。如果读者有读书的爱好,应尽情地读,读各类书,越多、越广、越杂越好。中国有句古话:书到用时方恨少。你各种书读多了,所学的知识在大脑中建立起众多知识存储的神经元,从事某项创新实践,进行一项发明,甚至是工作时,读书多而"睿智"大脑容易瞬间贯通——获得灵感,创新成果也就唾手而得。

成功来源于自己平时的努力,来源于自己博学的知识。

1. 成为"博专"型的博学者

我国大学生入学时,在专业志愿方面,很多人都是被选择的。因为大部分的高中生对大学的专业设置不了解,不知道什么专业需要学习什么课程、什么知识,某个专业学成以后能干什么。但是,高考填志愿又要求他必须做出选择。

结果,初入学大学生的专业选择有的来自中学老师的帮助,有的来自学长的经验,有的是父母的想法和要求。总之,准大学生在专业目标的选择上,主要考虑毕业后的就业前景,很少考虑自己的爱好。结果,有的同学入学后由于不喜欢所学的专业,就以消极的方式对待,不愿在学习上下功夫,白白浪费自己的宝贵时间。

在网上可以看到"四年都是煎熬""脑子会自动拒绝这些知识""崩溃""抑郁"等对自己所学专业不满、痛苦的表述。这些言论表达了在高考志愿的专业选择上,应该选择自己喜欢的、有兴趣的专业意向。选好、选对专业能够激发自己的学习潜能,事关自己一生的幸福。若不知道自己的兴趣所在,至少要避免选择自己心理抵触的专业。一个令自己厌恶的专业是不容易学好的。

有一位录取到化学系的男生,对化学没有任何兴趣。他每天溜进数学系或计算机系教室,旁听计算机类的课程。大二时,他想到一家计算机软件公司做兼职。公司负责人问他,某某软件你会吗? 他如实说,不会。但他立即补充说,"给我三天时间,三天学会,能用我吗?"三天后,他当场通过了软件操作的测试,公司录用了他。他对计算机的应用和操作有着惊人的热情和自学能力。在学校,他多次申请要求转专业,但没有成功。四年后,他的化学专业成绩不达标,没有拿到毕业证书。

试想,他若能拿下化学专业毕业证书,就完全可以利用自学掌握的计算机知识和计算机应用能力,走边缘学科创新之路。他就可能在计算化学方面的创新上做出成绩。

有人这样叙述自己的高考志愿和大学专业:我被录取到自己不喜欢的专业。幸运的是,我还不至于讨厌自己就读的专业,在提出转专业或读双学位被拒之后,经过努力逐渐也读进去了,最后还小有收获。但我想,假如大学四年我对学的专业有极大的热情,那将会给我精神上带来很大的满足感。

如何选择专业:有兴趣爱好者应以兴趣为主导,无兴趣爱好者可以就业为主导,应避开自己厌恶的专业。下面列出了专业选择的五个层次。

第一位,特别喜欢的(有兴趣)专业　　目标导向

第二位,喜欢的专业　　　　　　　　兴趣导向

第三位,能接受的专业　　　　　　　就业导向

| 第四位,不喜欢的专业 | 就业导向 |
| 第五位,厌恶的专业 | 避免就读 |

对自己所学的专业没有兴趣肯定是坏事。但是,可以把"坏事"变为好事,如何变呢?可以利用专业学习以外的时间学习自己喜欢的、感兴趣的知识,把自己向"博专"型方向培养。凭自己的兴趣学习,典型的当数乔布斯。当然,不建议像乔布斯那样辍学去学习自己感兴趣的知识。

博是精的基础,精是博的升华,应在博学的基础上成为拔尖的精,这就好比在宽广、厚实的地基上建高楼大厦。按自己的兴趣学习并掌握自己感兴趣的知识以后,就完全可以根据自己的兴趣选择就业。由于在专业学习之外又学习了自己感兴趣的知识,这时就业选择的范围宽广了,条件比他人优越了,你可以按自己的兴趣选择就业。从心理上来说,再也不必受不喜欢的专业的"气"了。

从另一个角度来说,努力创造条件:让学习的专业、从事的工作与自己的兴趣一致。

2. 成为"专博"型的博学者

所学专业与自己的兴趣一致,是否就不可以走博学之路呢?答案是"不"。专业与自己的兴趣一致,首先应该学好自己的专业知识。由于兴趣与专业一致,实现自己理想的目标会很方便,心情会很舒畅。在保证专业知识"精深"的基础上,进一步学习自己感兴趣的其他知识,把自己培养成为"专博"型的博学者。从来没有规定一个人只能有一种兴趣爱好,一个人完全可以有多种兴趣和爱好。爱因斯坦除对物理学感兴趣之外,小提琴也拉得很好,拉小提琴也是他的兴趣之一。

通过多种兴趣把自己培养成为"专博"型的博学者,就业选择范围会宽广。再加上心情舒畅地学习和工作,能比较容易地把自己培养成为创新型人才。

进一步来说,博学与专精虽然有区别,但它们是相融的。不是博学者在自己专业的学习领域就比较差,也不是专精的人对其他领域都不关心,都没有兴趣。科学技术的飞速发展,需要一些专精的人才把精力集中于一件事上,也需要博学者从广义的角度完成自己的事业。

一个人获得事业上的成功,他的个人爱好、工作能力与所从事的事业一定是协调的。

当你离开学校走向社会，一般在一段时间内(有的人时间长些,有的人时间短些)属于试探、摸索自己在社会上的定位的过程。这个定位就是自己的个人爱好、工作能力、周围环境(包含与他人的相处)与当前的工作是否相匹配。若匹配,就能很快稳定下来,事业也会很顺利。否则,具体的表现就是工作不顺心,一份工作干不了多久就要调换,工作的调换又总是不顺利,好像处处都碰壁,处处都与自己过不去。这时应深思一下,究竟什么是自己需要的,摆正自己的个人爱好、工作能力与工作的关系,以减少摩擦和碰壁。

若你有较广的兴趣和爱好,有博学的知识,匹配度一定高,选择范围一定广。

胡适在一次对毕业生的讲话中是这么说的:

你们毕业之后,……

第一是容易抛弃学生时代的求知欲望。你们到了社会,往往所用非所学,往往所学全无用处,往往可以完全用不着学问,而一样可以有饭吃。在这种环境里,即使向来抱有求知识学问决心的人,也不免心灰意懒,求知的欲望渐渐变淡……

第二是容易抛弃学生时代的人生追求……

要防御这两方面的堕落,一要保持求知的欲望,二要保持对理想人生的追求。

胡适对上述两种情况给出了3种解决的方法。

第一个方法只有一句话:"总得时时寻一两个值得研究的问题!"问题是知识学问的老祖宗;古今一切知识的产生与积聚,都是因为要解答问题——要解答实用上的困难或理论上的疑难……

第二个方法也只有一句话:"总得多发展一些非职业的兴趣。"离开学校之后,大家总得寻个吃饭的职业。可是你寻得的职业未必就是你所学的,或者未必是你所喜欢的,或者是你所学而实在和你的性情不相近的。在这种状况之下,工作往往很痛苦。为糊口而做那种非"性之所近而力之所能勉"的工作,很难保持求知的兴趣和生活的理想主义。最好的方法是多发展职业以外的正当兴趣与活动。一个人应该有他的职业,又应该有他的非职业的业余活动。凡一个人在他的闲暇时间做的事，都是他的业余活动。往往他的业余活动比他的职业更重要……古来成大学问的人，几乎没有一个不是善用他的闲暇时间的。多发展业余的兴趣，可以使你的精神有所寄托，使你的剩余精力有所施展，这样你即使做 6 小时的抹桌子工作也不会感觉烦闷了，因为你知道，抹 6 小时的桌子之后，你可以回家做你的化学研究，或画你的大幅山水画，或写你的小说戏曲，或做你的社会改革事业。有这些感兴趣的活动，你的生活就不枯寂了，你就不会烦闷了。

第三个方法也只有一句话："你总得有一点信心。"……

……

我们要深信：今日的失败，都由于过去的不努力。

我们要深信：今日的努力，必定有将来的大收成。

3. 边缘学科

熊彼特认为：人们想充分理解世界，那么部分和全面综合所有相关学科的洞见就非常必要。要尽量采纳各个领域的新成果，从多个源泉出发，创造一些理念，就像化学合成一样，把不同元素融合成新的分子结构。

在 2008 诺贝尔奖获得者北京论坛上，华人图灵奖得主姚期智教授指出："多学科交叉融合是信息技术发展的关键：当不同的学科、理论相互交叉结合，同时一种新技术达到成熟的时候，往往就会出现理论上的突破和技术上的创新。"

科学上的新理论、新发明，新的工程技术往往出现在学科的边缘或交叉点上。多学科的交叉融合往往是新学科诞生的摇篮，所以人们高度重视边缘学科和交叉学科的发展。计算物理、计算化学、计算生物学、计算生物力学、计算生物化学……是由计算机应用引申出的边缘学科。人们已有这样的共识：计算机是工具，是信息时代人们都必须掌握好的工具。信息时代有自己专业领域的人，在专业范围内努力成为一个专精的博学者还不够，还必须掌握计算机的应用技术。一个人若精通本专业知识，又掌握了计算机的应用技术，则如虎添翼，可能在创新上取得更大、更好的成果。

人们早已发现，要想出成果，要想有所发明、有所创新，最佳的途径是重视边缘学科和交叉学科的发展,走边缘学科和交叉学科创新之路。单纯在某一学科、某一专业上想做出较大的、有突破性的创新,目前来说一般太难或不可能。

走边缘学科和交叉学科创新之路,最基本的要求是创新者必须博学。创新是对已有知识的发展。在人类知识越来越丰富和越深奥的今天,要求创新型人才知识结构既要有广度,又要有深度。社会,特别是今天的社会需要人们具有多方面的能力,创新对能力的要求是越多越好。

创新型人才拥有的信息量越大,文化素养越高,思路越开阔。同时,完备的知识结构使他们具有科学综合化、一体化的意识,有助于增强综合思维能力和创新能力。

那么,专精的博学者如何发挥他们的知识和才能呢? 一般来说,专精的博学者在一个大的创新项目中承担具体的、与其所专精的专业相关的内容比较合适。在这样的领域和环境下,他们往往比"博专"型的创新者能做出更好的成绩,取得更好的成果。

技术集成:哈佛大学教授马可·伊恩斯蒂(Marco Iansiti)提出技术集成(Technology Integration)的理念和方法。技术集成指按照一定的技术原理或功能目的,实现多学科知识的综合,组合不同领域的专家解决同一个技术问题。这样的技术集成往往可以实现单一技术实现不了的技术需求目的,攻克单一专家团队很难攻克的大项目。马可·伊恩斯蒂运用"技术集成"的概念研究了美国、日本和欧洲大型计算机企业的 27 个开发项目,发现美国和欧洲企业需要投入的资源远高于日本企业,前者需要 456 人/年,后者只需要 188 人/年。产生差别的原因就在于是否运用了技术集成的方法。

这里引入技术集成的创新活动,希望可以作为专精博学者发挥自己的知识和才能的参考。

4. 学会自学

熊彼特 1942 年提出"创造性毁灭"的理念。"创造性毁灭"指如果企业"不积极开拓创新的道路,不全心全意地经营",一旦企业的创新开始逐渐减少,它们就走向了灭亡。创新开发出新的产品,创新促使新企业或新组织诞生,新企业或新组织淘汰(毁灭)旧产品、旧企业或旧组织。历史上,传统产业的竞争主要发生在同行之间,如工厂的出现让铁匠铺销声匿迹,汽车取代了马匹和轻便马车,公司制颠覆了所有权。

信息化社会的竞争,"创造性毁灭"来得更快、更猛。科学技术的快速发展,很多看似很好的职业,由于横向产业的发展而导致其突然消失。例如,红极一时的生产数码相机的尼康公司,由于受智能手机普及的影响而破产。康师傅和统一方便面销量萎缩,竟然是由于"美团""饿了吗"等外卖公司高速发展所致;共享单车的出现,致使卖单车的店铺、修自行车的小摊生意一落千丈,最后只能是关门了之。最为惊人的是"BBA"(奔驰、宝马、奥迪)燃油汽车。特斯拉纯电动汽车面市才短短十几年时间,BBA 三车企加起来的市值就已不及特斯拉的三分之一,燃油的 BBA 退出历史舞台指日可待。纯电动汽车全面取代燃油汽车,汽车发动机保养的职业也就消失了。微软的 AI(人工智能)"小冰",三分钟能完成一幅还不错的艺术作品。虽然现在还没有人承认 AI 的作品具有艺术价值,但是,不可否认的是,AI 已经跨入艺术创作的门槛,应用前景已经超越一般人的想象。关键是,它将对人类艺术创作这一领域发出令人震惊的挑战。

在这个飞速变化的时代,一些新职业可能刚出现几年就消失了,并且你被打败了,还不知道是谁把自己打败了。现在的问题是"羊毛出在狗身上,由猪买单""我灭了你,但与你无关"。可怕吗?既可怕又不可怕。要做到不被社会淘汰,要做到不被相干的人或不相干的人打败,最好的武器就是学会自学,养成良好的自学习惯,并且坚持终身学习。良好的自学能力是自己的就业之本、成功之本。

亚马逊创始人杰夫·贝佐斯说:"只要你愿意投入时间和精力培养新技能,那么你就能做你应该做的事。如果你只涉猎你能力所及的领域,那么你的技能就会过时。"

培育终身学习的能力,已经(更加)备受人们的重视。2018 年,新加坡教育部明确提出,将"致力于把学生培养成兼具创新能力和好奇心的终身学习者"。未来人才要求有跨专业、多学科的知识和能力,掌握终身学习的能力,才能应对包括 AI 在内的各方面挑战。

著名画家齐白石曾五易画风,不断汲取历代画家的长处,不断改进自己作品的风格。他一生马不停蹄地改变、创新,从木匠到画家,最终形成自己独特的画风和流派。齐白石先生告诫弟子"学我者生，似我者死"。他认为画家就是要"我行我道，我有我法"。不能照搬照抄地学习他人的长处，要创造性地运用、不断发展，才具有艺术活力。

　　一个优秀的创新者，一定是一个具有良好自学能力的人。自学能力是"成为'社会必需'人才的能力"。前面论述了应该把自己培养成为一个"博专"学者或"专博"学者。如何做到呢？博览群书是成为博学者的第一要素，更重要的是需要培养自己的自学能力。自学能力是终身受用的能力。在需要增添某方面知识的时候，通过自学能迅速而有效地掌握这方面的知识。因为当你离开学校以后，不可能在需要为自己充电（补充新知识）时，又立即回到学校学习。到学校再充电，学好了再回到社会在现实中是不可能的。即使个别人能做到，时间上也不允许。

　　在校学习期间，学校能够保证你的节假日。毕业后进入社会，到一家公司工作，若有自己的小家庭，几乎没有休息的时间，拥有一个轻松的节假日会非常难得。在校学习期间学习上有困难，老师有义务帮助；到社会上，没有谁有义务必须帮助你。不会的东西，必须自己想办法学。如果自己没有办法学会，不能迅速掌握新的技术，你就容易被淘汰。

　　总之，一个人大学时的学习要做到两方面：**一是领受大学学术氛围的熏陶；二是在大学的良好环境下，学会自学，养成良好的自学习惯。**有了自学能力，就有了可持续性的竞争力，就能在不知竞争对手来自何方的竞争中立于不败之地。

　　如果认为学校老师对你的要求太严格，那是因为你还没有社会上的经历，没有工作的体验。要知道，公司必须对你严厉，如果公司对你不严厉，公司就会倒闭。公司不能生存，你当然也就失业了。

　　有一位学生接受了一个"电子元件检测仪"的研发项目。他接受任务后很认真地进行了设计。他把设计方案拿给指导老师看，老师看后要求他改。老师一次又一次地提出问题，他一次又一次地修改设计，前后达十多次。学生很郁闷，是否老师在刁难他？设计方案通过了，检测仪初步制作出来以后，这个学生也就毕业离校了。离校后，他再次回到学校时对老师说，多亏您当时对我的严格要求。我现在的工作是产品研发，工作进行得很顺利。到了企业才知道，老师对自己的要求还不算严格,企业对产品设计和生产的要求才是真正的严格。

是的,企业所设计和生产的产品,要经得住用户的苛刻检验。用户容不得产品有半点瑕疵。道理很简单,我们每个人自己都是用户,你去商店买东西,能允许所买的产品有瑕疵吗?

5.3　知识分子与知道分子

知识分子,指受过专门训练,掌握了专门知识,有独立思考能力,以阐发或者运用知识为工作的脑力劳动者。

读书是学习。若学习以后,一问这样:

回答说,知道。

若问,为什么? 回答不出来;

再问那样:回答说,知道。

若问,为什么? 回答不出来。

这样的学习结果只是对所学内容的"知道",效果形同存储器,是所谓的知道分子。知道分子在接受提问时,只能将学到(存储)的内容"展示"出来,展示的效果仅限于口头上的"知道",既不理解所学的内容,也没有自己的思考。

如何区分学习的结果是学到了"知识",还仅仅是"知道"。鉴别方法是,是否能针对所学内容提出问题。课堂上,能对讲授内容提出问题的同学一定是对所学内容理解了的同学。读懂了、学进了,才能知道自己学习中何处还理解得不够,能针对自己的不理解提出问题。学习,要做到能提出问题,并能为求得问题的解答而千方百计地求问、求解,这才是求学。

提问以帮助获得解答是最好的学习,是最有效的、最快的学习方法。有了疑问不向他人请教、提问,疑问将永远存在。

学问、学问,有(能)问才算学。教学中,能提出疑问才是学进了的、对所学内容有理解的学生。

知道分子不可能成为创新型人才。

创新型人才首先应该是掌握了专门知识,具有独立思考能力,能阐发或者运用知识解决问题的知识分子,并且还是具有动手能力,能参与实践,能创造出财富(符合创新的定义)的"博专"形或"专博"形的知识分子。

思 考 题

1. STEM 是什么？为什么说它是创新人才的知识基础？

2. 通过什么方法寻找创新项目？

3. 你能理解知识是创新之本吗？

4. 你当时是如何填报高考志愿的？如何以兴趣填报高考志愿？

5. 你对人生各阶段学习的效果有何认识？你对大学学习中 50% 是用不上或淘汰了的知识有何理解？

6. 什么是计算思维？

7. 为什么说计算思维是与数学和读写能力一样重要的基本素养？

8. 请列举基础知识在生活和工作，以及在创新中的应用。

9. 你是如何学习计算机的理论知识和应用的？

10. 你对"博专"和"专博"型人才有何认识？

11. 你有考虑走边缘学科和交叉学科的创新之路吗？

12. 自学和自学能力为什么很重要？

13. 你能理解和体会企业对产品设计和生产的严格要求吗？

14. 你认可知识分子与知道分子的区别吗？

第 6 章　应用需求

一句最能表达信息社会特征的经典之语是：不怕做不到，只怕想不到。这句话同时也表明：创新处于信息社会的核心位置，兴趣是创新的动力，按"不怕做不到，只怕想不到"的说法，想到是第一位的，要从生产和生活需要的这个源头去想，去发现创新之处、创新之事、创新之物。

人类社会所有的创造和创新，无一不是围绕人类生产和生活的应用需要而为。发现创新项目是创新人才跨入创新之门的第一步，应该通过细心观察生产和生活中的点滴需求，发现创新项目，进而获取创新成果。

6.1　IBM 给我们的启示

电子计算机是典型的应用需求催发出来的发明，是人类历史上对社会发展影响重大的发明之一。

武器与战争密不可分。热兵器中枪炮的杀伤力主要由射程、命中点的精度和爆炸的威力决定。研制成功的大炮需要通过试射以测定、校正炮弹的弹着点。弹着点的误差必须控制在允许的范围之内。大炮必须在试射以后制定弹道表，在形成弹道表以后才能交付给作战部队使用。一张正规的弹道表，包括发射点维度、气温、气压、风速、风向以及火炮的类型、炸药量、引信等各类参数共 3000 多个。完成这些参数的计算，任务十分繁重。

第二次世界大战期间，计算炮弹弹道的任务十分紧迫、艰巨。美国军方出资，由赫尔曼·戈德斯坦（Herman Goldstine）上尉领导一个研制小组，于 1943 年立项，最终于 1946 年 2 月研制成功世界上第一台电子计算机 ENIAC。

不过,电子计算机的研发接力棒很快就被 IBM 公司接过来。IBM 公司主导了电子计算机的研制和发展。所以有人称,电子计算机的发展史就是 IBM 公司的发展史。1924 年,总裁兼总经理 T. J. 沃森 将 CTR(Computing Tabulating Recording)公司更名为 IBM(International Business Machines)公司。沃森开创并坚持"推销第一,重视服务"的经营指导思想。他在 1932 年投入 100 万美元(年收入的 6%)创建了第一个企业实验室,坚持创新和产品研发。此后,IBM 公司的产品就一直引领着世界潮流。

1949 年,在产品导向的关键时刻,小汤姆·沃森出任 IBM 公司执行副总裁。IBM 公司继续秉承"生产一代、研制一代、构思一代"的开发生产策略,全力在电子计算机的研制、开发和生产上大步迈进。

1951 年,IBM 公司决定开发商用电子计算机,聘请冯·诺依曼(John von Neumann)担任公司的科学顾问。

1952 年 12 月,IBM 公司研制出第一台存储程序计算机 IBM 701。

1959 年,IBM 公司研制成功晶体管电子计算机。

20 世纪 60 年代,计算机公司如雨后春笋般诞生。各家公司研制的计算机自成体系,互不兼容,即使是同一家公司研制的不同计算机产品,也自成体系,互不兼容。产品不同、型号不同,内部结构也不同,软件更是不同,外围设备相互不匹配、不兼容。用户掌握了某一款计算机的使用,一旦换个款式(厂家产品更新)或换个厂家的计算机,就必须从头学习计算机的操作和使用。标准化计算机的设计和研制已势在必行,IBM 公司动手了。

1964 年,小汤姆·沃森(IBM 公司的第二代总裁)带领 IBM 公司斥资 50 亿美元研制 IBM 公司 360 系统计算机(要知道,美国曼哈顿登月计划才耗资 20 亿美元,还是国家行为)。IBM 公司的 360 系统计算机属第三代电子计算机,它开创了现代通用计算机的各项基础标准:集成电路、标准化(标准输入输出接口)、兼容性、指令系统、操作系统、数据处理(为数据库技术打下了基础)等,如图 6-1 所示。

20 世纪 70 年代,微型计算机(Micro Computer,微机)诞生了。特别是 APPLE Ⅱ,它改变了计算机的外观和使用方法。在 APPLE Ⅱ 诞生之前,计算机(包括微机)的操作和使用,可以说只有计算机科学家才能(会)完成。因为计

图 6-1　IBM 公司的 360 系统计算机

算机的应用和操作使用的是二进制和机器语言。没有键盘和显示器，所有程序和数据的输入必须通过机器面板上的开关进行操作，（灯亮表示输入 1，反之代表输入 0），运算结果的输出也是通过机器面板上指示灯的显示实现。先进一点的采用穿孔纸带及穿孔纸带阅读器、磁带机或电传打字机等设备。当时，人们对计算机（包括微机 Altair 8800）的使用望而生畏。

APPLE Ⅱ 实现了计算机操作和应用的全面创新。按乔布斯的要求，首先 APPLE Ⅱ 必须方便用户的操作，还应该是大众化的消费品。所以，APPLE Ⅱ 实现了计算机历史上的多个第一：采用键盘输入，第一次使用了漂亮的塑料外壳，第一次带有高分辨率色彩的显示器，第一次采用开关电源（开关电源不必使用外风扇散热，计算机运行时没有噪声），第一次内置了扬声器，第一次实现 CPU 与主板共享内存，第一次拥有了 48KB 的内存（以后增加到 64KB），第一次配备了 BASIC 语言等软件，等等。

Apple Ⅱ 统一了全美国的微机市场。IBM 公司领导层意识到，今后微型计算机是电子计算机的发展方向。IBM 公司的 CEO 不断问"我的苹果计算机在哪里？"IBM 公司再次动手了。他们组织了"跳棋"计划，由被称为"PC 之父"的唐·埃斯特利奇（Don Estridge）领导。

1981 年，IBM 公司的"跳棋"小组研制成功个人计算机（Personal Computer，PC）。在 PC 的研制上，埃斯特利奇打破了 IBM 公司的常规。PC 采用开放式模块型设计结构，公开了（除 BIOS 之外）完整的技术资料（包括系统指令代码）。PC 除继承 APPLE Ⅱ 的键盘输入、显示器显示等交互式应用方式外，CPU 采用 Intel 公司的 8088 微处理器（准 16 位处理器，内部运算 16 位，外部接口为 8 位，以与当时市场上主流的 8 位处理器相匹配），主板上配置的内存为 640KB（比 APPLE Ⅱ 的内存高出一个数量级），操作系统选用 Microsoft（微软）公司的 MS DOS，主板上的集成电路元件采自地球公司，如图 6-2 所示。IBM 公司又一次创造了计算机的历史。

图 6-2　个人计算机

1983 年 3 月，IBM 公司发布了 PC /XT。PC /XT 为 PC 的改进型，带有一个 10MB 容量的硬盘。

1984 年，IBM 公司发布了 PC /AT。PC /AT 采用 Intel 公司的 80286 微处理器，内存已达到 1MB，带有一个 20MB 容量的温氏硬盘。

由于 PC 采用了开放式的策略，PC（含 PC 兼容机）市场占有率很快就达到 90％ 以上。IBM 公司所创新的 PC，加快了计算机应用的普及，催化了计算机网络（Internet）的诞生。1985 年，埃斯特利奇和夫人乘坐的班机因遭遇台风而失事，埃斯特利奇夫妇不幸去世。IBM 公司在 PC 方面的创新和研发停了下来。

此后，大量兼容机出现，而 IBM 公司则在失去埃斯特利奇之后关上了开放式大门。20 世纪 80 年代末 90 年代初，IBM 公司陷入重大经营危机，年收入从 1990 年的 130 亿美元下滑到 1993 年的不足 70 亿美元。

1993 年，IBM 公司来了新的总裁路易斯·郭士纳。在总裁郭士纳的带领下，秉承 IBM"精益求精、高品质的客户服务和尊重个人"三项原则，毅然将以信息技术为主导的企业转变为以服务为主导的企业。更为可敬的是，IBM 公司开创了"电子商务"的应用，将商业和服务引入网络，再次创造了计算机和计算机应用的历史。

6.2 "双核"CPU 给我们的启示

IBM 公司开创了企业花巨资建立产品实验室的先河,其成功促使全球有条件的企业纷纷效仿,建立本企业的产品实验室,创新自己的产品,学习并实施 IBM 生产一代、研制一代、构思一代的战略,建立本企业的产品链。

Intel 公司成立于 1968 年,1971 年推出全球第一个微处理器。可以说,微处理器的诞生具有一定的戏剧性,也充分地说明了具有创新意识和创新思维的重要性。

1968 年,在美国硅谷,罗伯特·诺伊斯(Robort Noyce)、戈登·摩尔(Gordon Moore)和安迪·格罗夫(Andy Grove)三人成立了 Intel 公司。这三位大伽各有超凡的创新意识和创新智能。诺伊斯是集成电路的发明者,摩尔是著名的摩尔定律的发现者,格罗夫的名言是"只有偏执狂才能生存"。

Intel 公司成立不久,电子工程博士特德·霍夫加盟,成为 Intel 公司的第 12 名员工。霍夫到任后接受的第一项任务就是与日本"商业通讯公司"合作研制一种新型可编程台式计算器。Intel 公司承担的任务是配合日方研制该计算器十分复杂的特殊芯片。霍夫接受任务后,仔细阅读了日方对该产品的设计资料,他建议日方人员修改该芯片的设计。日方人员根本听不进(没有创新意识的典型表现,不能以创新的思维听取建议),还反唇相讥。

霍夫随后来到诺伊斯办公室,向诺伊斯说出了自己的想法。诺伊斯听了霍夫的设计思想后(诺伊斯不愧是创新大伽,具有极强的创新意识,能以敏锐的创新思维看待问题)说,他完全支持霍夫的新构想,希望他把想法实施出来,并立即为霍夫配备了强有力的助手费根(Federico Faggin)。霍夫在芯片设计专家费根的协助下,花了近一年的时间,于 1971 年 1 月研制成功微处理器芯片 4004。

1972 年 4 月,Intel 公司又研制成功微处理器芯片 8008。

1978 年,Intel 公司推出 8086 微处理器。

自 8086 微处理器起,Intel 公司对所研发的微处理器芯片的宣传一直以速度为主线。Intel 公司给出的公式是"主频高＝性能高"。例如,Intel 公司直接为公司的产品取名为奔腾（Pentium），所采用的广告词是：给计算机一颗奔腾的芯。

2002年，Intel公司在推出新款Intel Pentium 4处理器以后，按原计划继续研制90nm（纳米），设计工作频率达5GHz，基于增强型NetBurst架构，采用7层铜互联技术的微处理器Prescott，如图6-3所示。

图6-3　Prescott微处理器

微处理器的研制遵循摩尔定律。1964年，一个偶然的机会，戈登·摩尔发现集成电路的发展有一个特别的规律：集成电路芯片上所集成电路的数量，每隔18个月就会翻一番；而微处理器的性能每隔18个月会提高一倍，价格却会下降一半。于是，摩尔于1965年发表了一篇论文论述他的推测，由此摩尔定律问世了。几十年来，集成电路的发展一直延续摩尔定律。虽然摩尔定律的物理极限已多次达到，但是，由于科学家在物理、化学、材料等多个领域持续创新，因此摩尔定律的物理极限一次又一次被突破。物理上，10个原子的长度为1nm。现在的芯片制造技术已能够在原子层面上直接对原子进行排列，理论上晶体管的制程能小于1nm。

Prescott是Intel公司首款90nm（即$0.09\mu m$）制程的微处理器，其内部集成晶体管数高达1.25亿个，处理器的核心面积为$112mm^2$（食指指甲般大小）。90nm制程指该处理器内部电路的线径为$0.09\mu m$（人头发丝的直径一般是$60\mu m$，90nm大约是人头发丝直径的1/666.67。但是，Prescott微处理器出现了高功耗问题。Intel公司最终推向市场的Prescott微处理器止步于3.8GHz，并且每个时钟周期要比Northwood核心的微处理器多产生大约60%的热量，功率消耗增加大约10%。指甲般大小的处理器，功耗高达近100W。高功耗的结果是高热量，所以有人戏说，若Prescott微处理器的主频是4GHz，则可以用它煮鸡蛋。这样的高功耗，用户用不起，现有的风冷散热系统也无法满足其散热的需要。Prescott 微处理器小组继续沿单微处理器、高主频的研制方向，实现 10GHz 主频处理器的计划失败了。

这时，生产一代、研制一代、构思一代，多方位产品研制的"企业战略"起作用了。Intel 公司 Pentium M 处理器（用于笔记本计算机的处理器）研制小组的主导思想是"唯性能论"。

Pentium M 处理器的主频一般不那么高，但是，同主频下 Pentium M 的性能远胜 Pentium 4。Pentium M 处理器研制小组主导采用多核处理器的研制方向取得了成功，Intel 公司立即调转枪口。

2005 年 4 月，首颗内含 2 个处理核心的 Intel Pentium D 处理器（图 6-4）进入市场，从此揭开 x86 处理器多核心时代的序幕。当前，Intel 公司的主流产品为 Core（酷睿）系列多核处理器。Core 处理器每个时钟周期处理多条指令，性能由以下公式确定：

性能＝频率×每个时钟周期执行的指令数（不考虑架构等因素）

图 6-4　Pentium D 处理器

6.3　新可乐的失败

1886 年，亚特兰大药剂师约翰·潘伯顿无意中发明了可口可乐配方，并成功地开拓了可口可乐软饮料全球市场。1985 年 4 月 23 日，可口可乐的一次产品"创新"失误，被《纽约时报》称为美国商界一百年来最重大的失误之一。

20 世纪 80 年代，可口可乐在饮料市场的领导者地位受到百事可乐的挑战，其市场增长速度从每年递增 13％下降到只递增 2％。

百事可乐提出了"百事可乐新一代"的口号，广告活动抓住了富于幻想的青年人的心理。这一充满朝气与活力的广告，极大地提高了百事可乐的形象，牢固地建立起它与软饮料市场上最大部分消费者之间的关系。百事可乐创造了令人注目的奇迹。紧接着，百事可乐公司又展开号称"百事挑战"的新一轮攻势。百事可乐公司现场直播了对顾客的口感试验，即在不告知参与者是在拍广告的情况下,请他们品尝各种没有品牌标志的饮料,要求品尝者说出哪一种饮料的口感最好。百事可乐公司的这次创新冒险成功了,几乎每一次试验后,品尝者都认为百事可乐的饮料更好喝。百事可乐的创新使其在美国的饮料市场份额从6%猛升至14%。可口可乐独霸饮料市场的格局,转变为百事可乐与可口可乐分庭抗礼。

戈伊祖艾塔于1981年3月成为可口可乐公司的董事长,他随后任命唐纳德·基奥为总经理。面对百事可乐的威胁,戈伊祖艾塔召开了一次全体经理人员大会。他宣布,对公司来说改革已迫在眉睫,并且不设定改革的禁区。戈伊祖艾塔启动了新可乐配方的研制。

在新可乐配方开始研制之前,可口可乐公司秘密地进行了代号"堪萨斯工程"的市场调查行动。公司派出2000名市场调查员,在10个主要城市调查顾客是否接受一种全新的可口可乐。调查内容是:在可口可乐配方中增加一种新成分,使你喝起来更柔和,你愿意吗?假如可口可乐将与百事可乐口味相仿,你会感到不安吗?你想尝试喝一种新饮料吗?调查结果表明,只有10%～12%的顾客对新口味的可口可乐表示不安,50%的顾客表示会适应新的可口可乐。但是,另外一些调查、测试反馈的是相反的结果,各类不同的消费者团体分别表明了强烈的赞成和强烈的不赞成情绪。

1984年,可口可乐公司的技术部门开发出一种全新口感的可口可乐配方样品,这种"新可乐"比可口可乐更甜、气泡更少。"新可乐"采用了比蔗糖含糖量更高的谷物糖浆,是一种带有柔和刺激味的新饮料。可口可乐公司对"新可乐"进行了无标记味道测试,测试的结果是顾客对新可乐的满意度超过百事可乐,市场调查人员认为这种新配方的可乐至少可以将可口可乐的市场占有率推高1%～2%。

为了确保万无一失,可口可乐公司在采用新口味之前投入400万美元,进行前所未有的大规模口味测试。13个城市中约19.1万人被邀请参加了无标记的不同配方的测试比较。55%的参加者更喜欢新可口可乐,这似乎表明可口可乐击败了百事可乐。

1985年4月23日,完成一系列准备工作之后,可口可乐公司董事长戈伊祖艾塔宣布,经过发展,可口可乐公司决定放弃它一成不变的传统配方,推出新一代可口可乐。戈伊祖艾塔和基奥在纽约林肯中心举行记者招待会介绍新可口可乐。请柬送往全国各地的新闻媒介机构,大约 200 家报纸、杂志和电视台的记者出席了记者招待会。但是,记者大多数不认可新可口可乐,媒体的报道基本持否定态度。

新可口可乐的消息迅速传播开来。81％的美国人在 24 小时内知道了这项改变,1.5 亿人试用了新可口可乐,测试超过以往任何一种新产品的试用记录,大多数的评论持赞同态度,瓶装商的需求量达到 5 年来的最高点。

但是,新可口可乐上市后 4 小时,打来抗议更改可口可乐口味的电话达 650 个;到 5 月中旬,批评电话每天多达 5000 个;6 月份,抗议电话上升到 8000 多个。加上媒体的煽动,抗议更改可口可乐口味的怒气迅速扩展到全国。改变一种已有多年历史的饮料配方,原本无足轻重,但却演变为对人们爱国心的侮辱。"我感到十分悲伤,因为我知道不仅我自己不能再享用可口可乐,我的子孙也都喝不到了……我想他们只能从我这里听说这一名词了。"人们纷纷指责可口可乐作为美国的一个象征,突然之间成了背叛者。堪萨斯大学社会学家罗伯特·安东尼奥论述道:"有些人感到一种神圣的象征被粗暴地践踏了。"公司领导层开始担心消费者联合起来抵制公司的产品。

近半年,可口可乐公司收到的抗议信件超过 4 万封。在西雅图,一些自称喝可口可乐的人成立了"美国老可口可乐饮用者"组织,威胁可口可乐公司,如果不按老配方生产,就要控告。在美国各地,人们开始囤积已停产的老可口可乐,导致这一"紧俏饮料"的价格一涨再涨。瓶装商也提出供应老可乐的要求。公司的调查也证实了正在增长的消极情绪。最终,可口可乐公司决定恢复传统配方的生产。消息一宣布,美国上下立刻一片沸腾,当天就有 18 000 个感激电话打入公司免费热线。当月,可口可乐的销量同比增长了 8％,股价攀升到每股 2.37 美元,为 12 年来的最高点。但是,可口可乐公司已经为这次"创新"遭受了巨额的损失。

6.4 创新及创新展望

纵观历史,能够发现一条基本规律,那就是人类所有创造和创新的想法、设计和实施,以及由创造和创新而得的产品均来源于人类社会生活和生产的应用需求。计算机及信息产业的发展,更充分说明了这一点。

1. 产品创新

讲到创新,人们通常会联想到产品开发创新。其实,一种新产品开发成功,可能涉及多种、多方面的创新:生产方法创新、生产工艺创新、生产要素创新、生产管理创新、市场开拓创新等。新产品开发呈现多功能化、系列化、复合化、微型化、智能化、艺术化的发展趋势,这样的趋势表现在人们对新产品的开发通常有以下要求。

(1) 微型化、轻便化。在保障质量的前提下,产品的体积要小,质量要轻,要便于移动。

(2) 多功能化。产品应具有多种用途,既要方便用户使用,还要能提高购买者的购买兴趣。

(3) 时代感强。产品能体现时代精神,能培植和引发新的需求,形成新的市场。

(4) 简易化。产品设计在结构和使用方法上方便用户使用,必要情况下方便维修。

(5) 满足环保要求。产品属节能型、低碳型,对原材料的消耗很少,有利于环境保护。

(6) 适应性强。产品适应人们的消费习惯、操作习惯和审美观,与人们的思想理念一致。

(7) 优点突出。相对于市场上类似的产品,要具有自身独特的长处,如性能好,质量高,造型美观,使用、携带方便等。

(8) 人体工程化。生活消费类产品一定要充分考虑人体工程,设计要满足人性化要求。

(9) 艺术化设计。要将产品作为一件艺术品设计,满足人们更高的审美需求。

一个产品的创新涉及这么多的方面,开发团队中的每一位成员都可以根据自己的兴趣、特长和爱好,在参与产品的开发过程中做出自己的创新贡献,在团队的帮助下快速成长,取得创新成果,成长为创新型人才。

其实,以上所列一般来说仅是产品创新过程中创新项目所涉及的冰山一角。每一项产品在问世的过程中,可能的创新面和创新内容各不相同,每一位有志的创新者都有可能从中找到发挥自己才华的创新点。

2. 开发性创新

人类的生活涉及衣、食、住、行和游乐,以及人类为了生活而开展的各种生产实践。人类生产和生活两大方面提供了极为广泛的发明、创新机遇,有心者完全可能从中发现创新项目,并在项目中施展自己的才华。衣、食、住、行、游乐中,自己对何处感觉不如意、不方便?针对不如意、不方便之处思考(促使灵感产生),找出改变的方法——创新想法;然后雷厉风行地实施想法,让梦想成真。

每一位创新的实践者,在成功之前大多默默无闻。创新成功,才会为人所知。

3. 创新展望

500年来,世界经济中心几度迁移,但科技创新这个主轴一直在旋转、在发力,在支撑着经济发展,引领着社会发展的走向。

中国科学院发布的《科学发展报告》中指出,当前科技创新最热门的几大方面是:

(1)生物科技、生命科学、生物科学、环境保护等。美国科学家指出,新生物学可以用来解决粮食、环境、能源以及健康四方面的挑战。大数据、云计算等可以在这些领域内充分发挥它们强有力的作用。

(2)化学。化学领域的热点主要集中在氟化反应、石墨烯的应用和高性能太阳能电池三大方面。

(3)信息技术。科学家在芯片技术、激光器、存储技术、超级计算机、量子计算机以及量子网络与通信技术等方面正深入耕耘。

(4)纳米科技。纳米科技的热点在石墨烯、DNA折纸术、纳米线、自组装技术、纳米催化剂及分子器件等方面。

(5)新材料技术。在能源转换、利用和存储过程中,新材料的运用可望引发能源科技的革命性突破,如美国科学家已经开发出能量密度高、电性能优异的石墨烯基电极,并制成高性能石墨烯基超级电容器。

(6)新能源技术。能源科学技术继续向清洁、低碳、可持续方向发展。主要应用还是太阳能和风能的利用等。

(7)人工智能应用技术。人工智能应用的范围很广,包括计算机科学、金融贸易、医药、诊断、重工业、运输、远程通信、在线和电话服务、法律、科学发现、玩具和游戏、音乐等诸多方面。美国加利福尼亚大学洛杉矶分校的朱松纯教授把人工智能涵盖的学科归纳为6个:

计算机视觉(如模式识别、图像处理等);

自然语言理解与交流(语音识别、语音合成以及语音对话);

认知与推理(各种物理和社会常识);

机器人学(如机械、控制、设计、运动规划、任务规划等);

博弈与伦理(多代理人的交互、对抗与合作,机器人与社会融合等议题);

机器学习(各种统计的建模、分析工具和计算方法等)。

美国发布了《2016—2045 年新兴科技趋势报告》,通过对近 700 项科技趋势的综合比对分析,最终明确了 20 项(方面)最值得关注的科技发展趋势。

1) 物联网

物联网、数据分析、人工智能三大技术将创造一个巨大的智能网络。有超过 1000 亿的设备连接互联网,包括移动设备、可穿戴设备、家用电器、医疗设备、工业探测器、监控摄像头、汽车以及服装等。这些设备创造、分享的数据将给我们的工作和生活带来一场新的信息革命。物联网代表性技术如图 6-5 所示。

微电子机械系统(MEMS)　无线通信　电源管理技术

图 6-5　物联网代表性技术

2) 机器人和自动化系统

机器人和自动化系统无处不在。机器人将承担起人类日常生活中包括老年人服务的大量工作,人工智能将应用于商业服务自动化,取代诸如客服、教师等传统意义上"以人为本"的职业。机器人和自动化系统代表性技术如图 6-6 所示。

图 6-6　机器人和自动化系统代表性技术

机器学习　　传感器与控制系统　　人机交互

3)智能手机和云计算

智能手机和云计算正在改变人类与数据相处的方式,云的移动计算将改变从医疗到教育的各行各业。人们可以通过手机体检并与云端诊断软件直接沟通完成诊断;在手机上使用教育软件学习新技能;农民通过手机掌握实时气象数据,通过云端软件计算求得最优化的播种、植保和收割,然后予以实施。智能手机和云计算代表性技术如图 6-7 所示。

高效无线网络　　近场通信与低能耗网络　　电池优化

图 6-7　智能手机和云计算代表性技术

4)智能城市

利用信息和通信技术(ICT),通过大数据、自动化,智能性地提高城市的运行效率和可持续发展。使用分散探测系统实时监视城市用水用电,通过智能电网自动调整配电设置;通过联网的交通信号系统和自动驾驶系统减缓车辆堵塞;利用智能建筑提高空调和照明系统的效率,减少能源浪费;使用屋顶太阳能板、小型风力发电机、地热发电和其他可再生能源为城市生活提供电力。

5）量子计算

实用的量子计算机将给气候模拟、药物研究、材料科学、量子密码学等带来飞跃。一台量子计算机将破解世界上所有的加密方式。但是，量子加密则可以做到真正的无懈可击。量子计算代表性技术如图 6-8 所示。

| 量子纠错 | 量子编程 | 后量子密码学 |

图 6-8　量子计算代表性技术

6）混合现实

超高清显示、位置探测器和高清视频等混合现实科技将成为主流科技。AR 眼镜将把实时相关的信息投放给用户，VR 眼镜将给人们融合视觉、听觉、嗅觉和触觉的完美体验。混合现实代表性技术如图 6-9 所示。

| 消费级硬件 | 沉浸式体验 | 交互技术 |

图 6-9　混合现实代表性技术

7）数据分析

到 2015 年，人类创造了包含消费习惯、公共健康、社会、政治、全球气候变化和其他等信息数据共 4.4ZB（44 亿 TB），并且，这个数据量大约每两年翻一番。人工智能可以从这些散乱的数据中识别并提取出有实用意义的、关联的信息。数据分析代表性技术如图 6-10 所示。

8）人类增强

物联网连接的可穿戴设备，将把与实时有关的信息直接打入人类感官。外骨骼与大脑连接的假肢，使我们变得更加强大；为老弱病残恢复他们的移动力。

可视化　　　　　　自动化　　　　　　自然语言处理

图 6-10　数据分析代表性技术

装有探测器和嵌入式计算机的隐形眼镜可植入体内,将带来穿墙的听力、夜视能力,虚拟和增强现实的能力。人类增强代表性技术如图 6-11 所示。

可穿戴计算设备　　　　外骨骼与假肢　　　　　药物增强

图 6-11　人类增强代表性技术

9)网络安全

网络安全是一个老话题。随着汽车、家电、电厂、路灯,以及其他万物的相互连接,网络攻击的后果会越来越严重。国家、企业、个人数据将面临越来越隐蔽的攻击,有些攻击甚至数年后才能被发现。网络安全代表性技术如图 6-12 所示。

用户身份鉴定技术　　　自我进化型网络　　　下一代解密技术

图 6-12　网络安全代表性技术

10)社交网络

社交网络已经展现出改变人类行为的能力。人们使用科技形成社会契约和基于网络社区的社交,颠覆了传统的权力结构。

目击者可以不通过媒体的过滤,在网络上揭露腐败和压迫,舆论将越来越难以被直接控制。社交网络代表性技术如图 6-13 所示。

区块链技术　　　应用社会科学　　　网络身份与名誉管理

图 6-13　社交网络代表性技术

11）先进数码设备

从衣服到建材,数码产品将更广泛地融入人们的日常生活。新科技将改变人类与科技交流的方式。语音界面已经广泛应用于智能手机,姿势界面允许无声地与计算机通信。人脑-电脑界面将允许思想控制数码设备,使其成为人们身体的一部分。先进数码设备代表性技术如图 6-14 所示。

软件定义一切　　　自然用户界面　　　脑机接口

图 6-14　先进数码设备代表性技术

12）先进材料

石墨烯的强度是钢的 100 倍,能高效地传导热和电。纳米材料有无数的应用:可用作引擎或其他机械表面的低摩擦力镀膜,作为高强度合成材料来建造汽车和飞机、轻便的防弹背心、高效的光伏材料等。制药企业研究将纳米粒子作为靶向分子,用于癌症的治疗。

13）太空科技

机器人、先进推进系统、轻便材料、增加制造、元件小型化将更便捷地把人和物送入太空。展望新型基于太空的行业,如开采小行星的矿物等。

14）合成生物科技

生物科技的新时代,生命将如同程序代码,是可以被改写的信息。合成生物科技将制造出可探测的毒素；从工业废料中制造生物柴油；利用共栖寄主生物给人类提供药物。合成生物科技代表性技术如图 6-15 所示。

| 建模与仿真 | 标准化DNA | DNA合成与测序 |

图 6-15　合成生物科技代表性技术

15）增材制造

增材制造即 3D 打印。新一代 3D 打印机将融合多种材料，如电子元件、电池和其他原件等。利用 3D 打印技术制造工具、电子产品、备用零件、医疗设备等，完全按照个人需求实现真正的"私人订制"。增材制造代表性技术如图 6-16 所示。

| 速度、尺寸、可靠性增强 | 全新合成材料 | 生物打印 |

图 6-16　增材制造代表性技术

16）医学

基因组学为你提供真正的私人药物。癌症、心肺疾病、阿兹海默症，其他看似无救的疾病将得到针对患者个人基因的药物治疗。由 DNA 培养的移植器官，使等待配型、排斥反应等致命病情不再发生。生物假肢直接连接到神经系统，能为患者提供与真实触觉相似的感官。医学代表性技术如图 6-17 所示。

| 定制化医疗 | 再生医疗 | 生物医学工程 |

图 6-17　医学代表性技术

17）能源

可再生能源（如太阳能、风能）的价格将接近石油价格。新一代核反应堆远比以前安全，产生的核废料更少。能源代表性技术如图 6-18 所示。

高效太阳能　　　　电池技术　　　　能源收集

图 6-18　能源代表性技术

18）新型武器

新型武器有非致命武器、能量武器，以及阻绝军事行动能力的反介入和区域阻绝武器（A2/AD）。A2/AD 技术包括反舰弹道导弹、精确反制导武器、反火箭炮、火炮和迫击炮系统（C-RAM）、反卫星武器，以及电磁脉冲武器（EMP）。

19）食物与淡水科技

海水淡化、微型灌溉、污水回收、雨水收集等科技将减缓人类对淡水的需求。基因改造农作物，自动化将使用更少的土地生产出更多的食物。食物与淡水科技代表性技术如图 6-19 所示。

农业技术　　　水资源循环与回收　　　可替代食物来源

图 6-19　食物与淡水科技代表性技术

20）对抗全球气候变化

近期，能在地图上标出有洪水危险的系统，培植抵抗干旱的基因改造农作物。远期，更大野心的科技可从大气中提取二氧化碳和甲烷等温室气体，把它们安全地存储于地下，以对抗全球气候的变化。

思 考 题

1. 为什么说应用需求是创新之源？

2. IBM 公司的 360 系统在计算机发展史上具有怎样的里程碑意义？

3. 乔布斯在 APPLE Ⅱ 上对计算机应用做了哪些创新？

4. IBM 公司的 PC 当时为什么能击败 APPLE Ⅱ？

5. IBM、Intel 公司采用的产品研制企业战略有何意义？

6. 新可乐的研制为什么会失败？与应用需求有关吗？

7. 你能从中国科学院发布的《科学发展报告》中得到创新的启发吗？

8. 你能从美国发布的《2016—2045 年新兴科技趋势报告》中得到创新的启发吗？

第7章 市场需求

创新项目来源于人们生活和生产的需要,企业是满足、提供人类生活和生产应用需要的创新主体。企业在满足人类生活和生产应用需求的基础上,只要把握好市场需求这个方向标,就能做大做强。创新者要取得创新创业的成功,需要紧紧抓住市场需求这个方向标,利用好市场需求这个创新催化剂。

市场需求是动态变化、动态发展的,企业必须了解市场需求、抓住市场需求、顺应市场需求之变化,才能在残酷的市场竞争中立足、发展。

微软公司主导采用发现需求,应市场的需求为企业需要的运行模式。该模式以客户中心型产品创新和效率驱动型产品创新为主。

乔布斯在创立苹果公司的同时,创立了 IT 产业满足生活需求、市场需求的创新模式——创造需求。

苹果公司主导采用创造需求,引领市场、推动市场的需求为需要创新模式。该模式以技术型创新、工程技术型创新和产品艺术性创新为主。

7.1　比尔·盖茨给我们的启示

比尔·盖茨在创业时说了一个愿望:"让每一个人的办公桌都有一台计算机"。微软自己出版的百科全书《英卡塔》中,对比尔·盖茨成就的解释是:比尔·盖茨的大部分成就,在于他有能力将科技的远景转化为市场策略,把对科技的敏锐性和创造性融合在一起。

从创新就是利用科学知识创造财富来说,成为世界首富的第一条,需要具备比尔·盖茨发现市场需求,并将"科技的远景转化为市场策略"的创新眼光

(意识)和实施(创新)能力。

　　1955年10月28日,比尔·盖茨出生于美国西部的西雅图市。他的父亲威廉·亨利·盖茨是一名律师;母亲玛丽·盖茨是华盛顿大学的董事、银行系统董事、国际联合劝募协会(United Way International)主席。比尔·盖茨的外祖父詹姆斯·麦克斯韦曾是国家银行行长。

　　1967年,比尔·盖茨就读于西雅图最好的私立学校湖滨中学(Lakeside High),结识了此后一生的好友保罗·艾伦(Paul Alan)。1968年,湖滨中学宣布让有兴趣的学生学习计算机。比尔·盖茨成为一个十足的"计算机迷",他一旦开始编写计算机程序,就可以连续三天三夜不睡觉。实在累了或是完成任务了,随便一躺,就能立即鼾声大作。不过,要知道比尔·盖茨玩起游戏来也是这样拼命的。

　　1975年,比尔·盖茨和保罗·艾伦用3周时间,日夜拼命地为当时世界上首台微机牛郎星8800(MITS Altair 8800)编写BASIC语言程序。当他们编写的BASIC程序在牛郎星8800上正常运行时,比尔·盖茨激动地说:"太好了,我人生最关键的时刻来了,我可以确定我今后的发展方向了。我……我终于明白我这一辈子该干什么了。"和乔布斯一样,比尔·盖茨很早就知道了自己的兴趣所在。他敏锐地发现,软件将引领计算机产业。2004年3月30日,在谈到服务器和互联网速度的提高时,他甚至说:"10年后,真正的硬件成本将下滑到几乎免费的水平——我的意思不是说绝对免费——而是指服务器和网络的力量,将使硬件不再是一个限制因素,"他的另一层意思是:软件的价值将被提升到一个更重要的高度。

　　比尔·盖茨1973年考入哈佛大学法律专业。大三时,他不顾父母的强烈反对,从哈佛大学退学开始自己创业。1976年11月26日,比尔·盖茨与保罗·艾伦一起在新墨西哥州注册成立了微软(Microsoft)公司。微软公司的标识如图7-1所示。他们制定了"先赢得客户,再提供技术"的公司发展战略。

图 7-1　微软公司的标识

1. 与 IBM 公司的合作

1981 年,IBM 公司启动"跳棋"计划。按照埃斯特利奇开放式架构的策略,处理器采用 Intel 公司的 8088 CPU,没有采用 IBM 公司自己的 801 RISC 芯片;操作系统也不考虑采用 IBM 公司研究实验室为 801 处理器开发的操作系统,即操作系统也外购。

首先,他们想到当时热门的、与 8088 处理器完全兼容的 CP/M 操作系统。但是,持有 CP/M 操作系统的数字研究公司只愿意零售该软件,IBM 公司要求单一授权,并且还要求将软件名称改为 PC DOS。数字研究公司拒绝签约。

IBM 公司只好另找他人。当时,微软公司由于帮助 MITS 公司开发了牛郎星 8800 的 BASIC 语言程序,已小有名气。IBM 公司当时的 CEO 是约翰·奥佩尔,他与比尔·盖茨的母亲同为美国"联合之路"董事会的董事,关系很好。多种因素的综合,IBM 公司联系了比尔·盖茨。

1980 年 8 月的一天,IBM 公司打电话给比尔·盖茨,说有两个人希望会见他,请他安排一下时间。为此,比尔·盖茨取消了一个原定的约会,准备接待 IBM 公司的特使。两小时后,IBM 公司的特使萨姆斯和哈灵顿到达微软公司,比尔·盖茨十分热情地接待了两位客人。

比尔·盖茨看起来比实际年龄要小许多。他的头发平直且经常不加梳理,个子小,体型偏瘦,声音很尖。但是,会晤那天他一改平常的形象,穿得整整齐齐。当天比尔·盖茨给萨姆斯和哈灵顿留下了很好的印象,他们确信微软公司的这伙年轻人的确是能干大事的人。

在会谈前,微软公司被要求先在 IBM 公司的一份协议上签字。协议规定任何一方都不得泄露专利信息和与 IBM 合作的秘密。会谈后,比尔·盖茨还在一个他认为明显的"不平等的条约"上爽快地签了字。

1980 年 8 月 16 日,IBM 公司正式决定采用微软公司的操作系统 MS DOS。

1980 年 9 月,比尔·盖茨与鲍尔默一起带着可行性研究报告到 IBM 公司。到公司门口,比尔·盖茨发现忘了系领带,于是不得已到附近的一家百货店匆忙买了一条领带。他们来到"跳棋"小组的研发基地。埃斯特利奇的"跳棋"小组与他们进行了一整天的交谈,比尔·盖茨和鲍尔默回答了 IBM 公司"跳棋"研究组提出的无数个问题。

订单谈下来了。但是,这时的微软公司并无现成的操作系统可供使用。微软公司自己从头编写操作系统 DOS,肯定是来不及了。这也就引出了 IT 历史上最著名的两个协议的签署。

2. 两个协议

前面说到,微软公司获得了 IBM 公司为 PC 开发操作系统的订单。但是,微软公司手头并没有 PC 的操作系统软件。怎么办?注意微软公司"先赢得客户,再提供技术"的公司发展战略,他们采用拿来主义。西雅图有一家计算机产品公司 SCP,他们雇用了华盛顿大学计算机科学系的优秀毕业生蒂姆·佩特森(Tim Paterson)。佩特森在 Intel 公司的 8086 CPU 推出后,立即为该芯片开发了 86 DOS 操作系统,86 DOS 又被称为 QDOS(Quick and Dirty Operating System)。佩特森还为 QDOS 复制了 CP/M 的 API,所以,QDOS 与 CP/M 完全兼容。1980 年 7 月,佩特森刚好完成 QDOS 的 0.10 版开发。

比尔·盖茨找到了蒂姆·佩特森,向他购买 QDOS 这款软件,开价是 5 万美元(实际分为两次支付)。比尔·盖茨在他父亲(专业律师)的帮助下,与蒂姆·佩特森签署了一个协议。协议确定:微软公司完全买断 QDOS 软件,价格为 5 万美元。QDOS 软件的所有权和使用权完全归微软公司所有。

QDOS 软件买来后,微软公司立即按 PC 的要求对该软件进行了进一步的开发,并将该软件命名为 MS DOS。

随后,比尔·盖茨在他父亲的帮助下又与 IBM 公司签署了一个协议。协议规定:微软公司保留 MS DOS 软件的所有权,IBM 公司拥有 MS DOS 软件的使用权,并且 IBM 公司可以将该软件更名为 PC DOS。也就是说,微软公司除了向 IBM 公司授权使用该软件外,还可以向其他任何人授权使用该软件。

两个协议的签订,为随后到来的 PC 和 PC 兼容机的大发展埋下了伏笔,从而成就了微软公司。微软公司在 DOS 操作系统上的获利让 IBM 公司彻底傻了眼,也使佩特森终身愤愤不平。

3. Windows

话说苹果公司在上市前,乔布斯在参观施乐公司时有一个惊人的发现,这触发了他的灵感。乔布斯一直致力于人机友好互动的理念,当他看到施乐公司独有的图形用户界面技术和鼠标的使用后认为,图形用户界面技术和鼠标将代表今后人机友好互动的发展方向。乔布斯于是向施乐公司开出一个条件:"如果你们愿意(向我)揭开施乐 PARC 的神秘面纱,我就同意你们投资 100 万美元。"施乐公司接受了,同意向苹果展示 PARC 技术;作为回报,他们可以以每股 10 美元的价格购买 10 万股苹果公司的股票。一年后,苹果公司上市,施乐花 100 万美元购买的苹果公司股票升值到 1760 万美元。

从施乐公司参观回来以后,乔布斯立即将施乐公司的这两项技术用到苹果公司正在开发设计的 Macintosh 计算机上。当然,乔布斯对 PARC 技术的应用做得比施乐公司更好。

IBM 公司 PC 的出现对微机市场形成了巨大的冲击,加上 PC 兼容机的推波助澜,大大加快了计算机应用的普及。比尔·盖茨的理想"让每一个人的办公桌都有一台计算机"实现了。同时,也把比尔·盖茨隐含的理想推到了前沿,"让每一台计算机都使用微软的操作系统"。

计算机硬件的快速发展,使 DOS 操作系统的局限性暴露无遗。DOS 操作系统是一个单用户、单任务的操作系统,对内存的使用局限在很小的范围内,其操作采用命令式,十分不便。

比尔·盖茨看到苹果公司 Macintosh 计算机的图形用户界面技术以后,马上意识到图形用户界面技术代表计算机应用方式的未来。1983 年 11 月,比尔·盖茨决定涉足图形用户界面技术。微软公司组织了一个 55 人的开发团队开发 Windows 操作系统。1985 年 11 月 20 日,Windows 1.0 操作系统首次登台亮相。Windows 1.0 是 MS DOS 操作系统的演进版,采用了图形用户界面。在 Windows 1.0 中,鼠标的作用首次得到特别的重视。

这时,IBM 公司也认为 DOS 操作系统不能满足计算机应用发展的需要。1985 年 6 月,IBM 公司与微软公司共同开发新的操作系统 OS/2。显然,微软公司学习了 IBM 公司"生产一代、研制一代、构思一代"的开发生产策略,既与

IBM 公司合作,进行 OS/2 操作系统产品的开发,又自行开发自己的操作系统 Windows。微软公司打造了自己完整的产品研发、生产的产品链。

1987 年 12 月 9 日,微软公司发布了 Windows 2.0。Windows 操作系统的开发难度极大,用户对 Windows 1.0、Windows 2.0 的反映均不好。

1990 年 5 月 22 日,Windows 3.0 正式发布。Windows 3.0 在用户界面、人性化和内存管理等多方面都有了巨大的改进,终于赢得用户的认同和好感。从此,Windows 的旗帜在全世界的计算机上飘扬。

1995 年 8 月 24 日,经过艰难的开发(多次推迟发布日期),微软公司终于推出了拳头产品 Windows 95。Windows 95 帮助微软公司赢得操作系统市场的霸主地位。Windows 操作系统对个人计算机操作系统的市场占有率达 90%以上。Windows 95 的界面如图 7-2 所示。

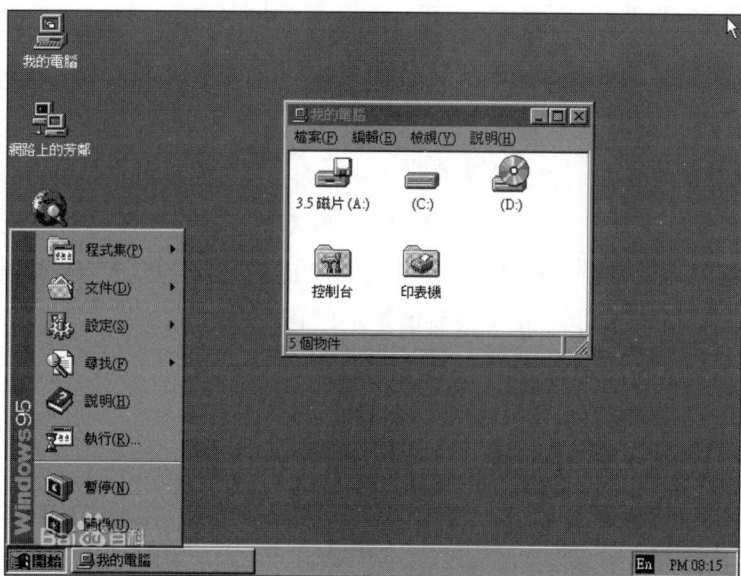

图 7-2　Windows 95 的界面

值得一提的是,面对 Internet 的爆炸式发展,从 Windows 95 OSR2 开始,Windows 操作系统开始附带 Internet Explorer(简称 IE)。微软公司把网络浏览器又学到了手,并且最终以 IE 浏览器把网景公司击垮。

归纳起来,微软公司在比尔·盖茨的领导下,一直以来采用以发现需求,应市场的需求为需要的模式发展。这种发展模式适应市场的需要,取得了巨大的成功。

按比尔·盖茨的话来说：

"这些产品和服务将使消费类家电产品具备软件所带来的丰富功能，微软公司的目标就是提供不论在家庭、工作单位还是移动中等任何场合，均可无缝使用的软件。"

"有三点对我们确实帮助很大。一是我们的远景，从公司成立的第一天起，这种远景就没有改变过。微软是保罗·艾伦（微软创始人之一）和我对于软件能变成什么样子的一个梦想——你可以从不同的硬件公司购买 PC，但它们都运行同样的软件……

第二个关键点是我们雇用很聪明、很能干的人……

第三点是，我们做事是从长计议。我们当时没有打算上市和发财，没有短期思维。事情总是要干几十年，没有捷径，我们属于一步一个脚印的那种。"

有人说，当比尔·盖茨对互联网时代的把握无法超越雷奥兹时，他立即决定把微软的命运和发展交给具有战略眼光（含对互联网有战略眼光）的鲍尔默和雷奥兹等人。

微软公司把用户的需求作为自己产品的第一需要，总是千方百计地满足用户的需求。所以，微软的产品一经推出，一般都能得到市场的认可。微软公司总是不失时机地抓住用户的需求，并千方百计地满足这些需求。正如比尔·盖茨在 2012 年 7 月 31 日哈佛大学的毕业典礼上所说："我在哈佛最难忘的回忆之一，发生在 1975 年 1 月。那时，我从宿舍楼里给位于 Albuquerque 的一家公司打了一个电话，那家公司已经在着手制造世界上第一台个人计算机。我提出想向他们出售软件。我很担心，他们会发觉我是一个住在宿舍的学生，从而挂断电话。但是他们却说：'我们还没准备好，一个月后你再找我们吧。'这是一个好消息，因为那时软件还没有写出来。就是从那个时候起，我夜以继日地在这个小小的课外项目上工作，这导致我的学生生活结束，以及通往微软公司的不平凡的旅程开始。"

用比尔·盖茨的话来说是："我正是在这里学到了人生中悲伤的一课——机会大，并不等于你就会成功。"

微软公司的企业战略是："先赢得客户，再提供技术"，以市场需求为需要的经营模式和创新产品开发模式。微软公司一旦发现有好的创意，就将其他公司或其他人的创新思想纳入微软的产品开发中,包括将发明人和其发明的产品,以并购方式纳入微软的产品。这样的战略和经营模式,与当时的计算机科学技术和计算机硬件条件完美匹配,成功是必然的了。

微软公司和比尔·盖茨受到不少非议。乔布斯说:"微软占据了市场,但几乎没有创新。微软公司用几年时间模仿 Macintosh 的图形用户界面,1990 年就已经推出 Windows 3.0。微软只是剽窃他人的成果。只要有创新点出现,微软公司就会把这些创新加到 Windows 操作系统的新版本中,微软公司很少有自己的创新。"

从图形视窗技术的应用来看,首先是乔布斯窃取了施乐公司图形用户技术的灵感,然后比尔·盖茨又从乔布斯那儿直接窃取了图形视窗技术。

7.2　苹果(乔布斯)给我们的启示

相对于市场需求,乔布斯创新出 IT 产业的创造性需求模式。苹果公司创造了微型计算机的交互式应用,改变了计算机的使用方式,把计算机从科学家手中交到普通用户手中,使计算机成为一种全功能的消费品。

苹果公司在乔布斯的领导下创造了 APPLE Ⅱ 微型计算机,20 世纪 70 年代独霸了整个微机市场。苹果公司和乔布斯接着推出 MAC(Macintosh)计算机,然后持续地向用户提供 iMac、iPod、iPhone、iPad 等产品,这些产品无一不是设计精美的艺术品,无一不是科技与人文的完美融合。这一点可以从据说是被上帝咬了一口的苹果上充分体现出来,如图 7-3 所示。

图 7-3　上帝咬了一口的苹果

乔布斯敢于颠覆常规、标新立异。他历来追求科技与人文艺术的融合,并苛刻地追求完美。乔布斯的目标是创造伟大的发明,改变世界。苹果公司在乔布斯的领导下所走的产品路线是:向用户提供苹果公司潮流、时尚的品牌产品。苹果公司从不和其他公司的同类商品直接竞争,总是独辟蹊径地开创自己新的产品市场,并把用户吸引进入自己的产品市场中。

　　据说,乔布斯从不看用户调研报告,不考察用户的需要,不遵从用户的需求。乔布斯曾经说过:"消费者想要什么就给他们什么,那不是我的方式。我们的责任是提前一步搞清楚他们将来想要什么。我记得亨利·福特曾说过,如果我最初是问消费者他们想要什么,他们应该会告诉我,'要一匹更快的马!'人们不知道想要什么,直到你把它摆在他们面前。正因如此,我从不依靠市场研究。我们的任务是读懂还没落到纸面上的东西。"

　　乔布斯拥有强大的洞察力和预见力,他创造工厂行业规则,改变人们的观念,引导人们的审美观和消费。他可以改变世界,他也确实改变了世界。乔布斯说:"消费者其实并不了解他们真正想要的是什么。"

　　"我的激情所在是打造一家可以传世的公司,这家公司里的人动力十足地创造伟大的产品。其他一切都是第二位的。当然,能赚钱很棒,因为那样你才能够制造伟大的产品。但是动力来自产品,而不是利润。"

　　"伟大的艺术品不必追随潮流,它们自身就可以引领潮流。"他十分欣赏奔驰汽车的设计。"多年来,他们把汽车的线条做得更加柔和,但细节之处的用心依然清晰可见,"一次他在停车场周围散步时说,"这正是我们在 MAC 计算机上要实现的目标。"

　　乔布斯的创作精髓是"你的时间有限,所以不要为别人而活。不要被教条所限,不要活在别人的观念里。不要让别人的意见左右自己内心的声音。最重要的是,勇敢地追随自己的心灵和直觉。"

　　乔布斯永远把制造伟大产品的激情摆在比迎合消费者欲望更为重要的位置。乔布斯和他的苹果公司颠覆了人们认为"计算机应该是一种庞然大物"的概念,改变了人们操作和使用计算机的方法;创造了世界上第一台交互式应用的微型计算机。

　　乔布斯设计出 MAC(麦金塔)计算机。他告诉人们图形用户界面才是人们真正需要的,是计算机与人友好相处的方式。

乔布斯用 iPod(如图 7-4 所示)这种数字音乐设备,把卡带、CD 才是原声原味,才是唱片业的观念颠覆了。

图 7-4　iPod

乔布斯又用 iPhone 这种智能化的设备,把手机应该带有键盘这种观念颠覆了。

接下来,乔布斯又用 iPad(图 7-5)颠覆了微软公司(比尔·盖茨)对平板电脑所下的定义。

图 7-5　iPad

乔布斯是硅谷创新神话的典型代表之一,苹果公司的产品集科技、艺术于一身。

- Apple Ⅱ,在沃兹尼亚克发明的电路板基础上,把它变成第一台真正供个人使用的微型计算机。

- MAC计算机,普及了图形用户界面,让计算机成为家庭的消费品。

- 《玩具总动员》及其他皮克斯大片,开创了数字影像的传奇。

- 苹果零售店,重新塑造了品牌商店。

- iPod,改变了人们对音乐的消费方式。

- iTunes商店,改变了音乐产业的销售方式。

- iPhone,把手机变成了具备音乐、照片、视频、邮件和网络等功能的综合设备。

- iPad,平板电脑,提供了一个数字报纸、杂志、书籍和视频的平台。

- iCloud,让计算机不再担任管理我们内容的中心角色,让电子设备无缝同步。

iPod、iPad与iPhone,从外形上区别不是很大。第1章论述了很多创新来源于旧创新成分、旧应用成分的新组合。请仔细分析上述所列乔布斯带给人类的创造和创新,可以分析出这些创造和创新,要么是他原创新的新组合,要么是他人的创新,在他手中又形成了新的创新组合。

乔布斯天才地采用了各种可能的组合,实现了突破性的创新。他的创新组合方式,希望有志创新者能从中得到启迪。

人们对各类产品的需求观念,类似于马斯洛需求的五大层次理论。人们对产品的需求从低到高可分为:

(1) 产品的基本使用需求;

(2) 产品的使用安全需求;

(3) 产品的操作方便需求;

(4) 产品的外形美观需求;

(5) 产品具有艺术美的需求。

人类对艺术的需求和追求,是人类对美的追求的最高境界。一件具有艺术美的产品,显然是人们最能接受、最喜爱的商品。

20世纪80年代,计算机科学和计算机硬件制作水平都不够高。当时MAC计算机的内存仅128KB,乔布斯却要求它运行图形用户界面,所以运行速度太慢。在这样的软硬件条件下,苹果公司败给IBM公司和微软公司,应在情理之中。

随着计算机科学的发展,IT 产业硬件技术水平大幅提高。20 世纪 90 年代末,乔布斯重返苹果公司,苹果公司开发的创新品牌产品更为时尚、潮流。乔布斯向人们提供了具有艺术美的各种产品。这时,用户不是拒绝接受这些高档的、具有艺术审美价值的创新品牌产品,而是抢着接受它,抢着享受它。此时,苹果公司奉行创造需求、引领市场、推动市场的战略,天时、地利、人和都达到了完美的匹配。

乔布斯认为苹果公司是他最伟大的创作。在苹果公司,想象力和创新能力被极致地培育和发挥。乔布斯以艺术家的眼光和要求设计产品,极力为人们提供具有艺术审美价值的产品。苹果公司的产品能够深受用户的欢迎实属必然,苹果公司的成功当然也实属必然。

7.3　跟上"创造需求"

熊彼特在《经济周期》中论述道:除生产创新外,企业家不得不经常促使人们改变消费习惯。企业家不得不使犹豫不决的消费者确信自己需要的是新商品。一种创新的问世颠覆了原有创新,这种永无止境的创新系列向所有方向扩散。"我们很容易理解另一步是怎么以前一步为条件的,例如,纱和布交替为对方提供新需求,并且迅速解决了瓶颈问题,而瓶颈问题的解决又化身为下一个成就。"

企业家致力于让消费者有无法满足的需求,苹果公司及乔布斯正是这么做的。他们致力于创新,致力于创造需求、引领市场,以艺术品的理念设计产品,推动市场的应用需求。所以,苹果公司及乔布斯对 IT 企业的创新及创新能力提出了前所未有的挑战。

满足市场需求的创新模式,仅仅要求企业做充分的市场调研,根据调研的结果前瞻性预测消费者的需求,然后组织创新产品的开发。

乔布斯的创造需求模式要求所开发的新技术、所设计的新产品能够体现"科技"和"人文"两种理念,将产品设计得如艺术品一般。满足创造需求需要敏锐的观察力和判断力,预测新产品可能对人们的生产和生活带来什么影响。"提前一步搞清楚他们(客户)将来想要什么",需要有超前的眼光,需要对产业的发展趋势和发展方向有精确的预测力,即要创造出新产品,要创造出新的市场需求,培养用户、引导用户使用具有艺术美的创新产品。

《史蒂夫·乔布斯传》的作者沃尔特·艾萨克森说:"我们所要做的是将自己的兴趣和梦想做到极致,以此为目标尽最大努力完成这件事。"

iPad 发布前,人们不知道这个产品有何种用途。媒体是这样描述 iPad 的:想象一下,一个像蛋饼一样被摊开的 iPod Touch 将要问世。iPad 这个介于苹果智能手机 iPhone 和笔记本电脑的产品,推向市场后不久,就大有取代笔记本电脑的趋势,成为商业人士的标配。

下面再看一下,一家普通消费品服务公司是如何发现市场需求,创造需求并满足用户的。Fresh Express 公司仔细观察超市购买蔬菜的用户,发现大多数消费者对蔬菜有新鲜、省事、能够快速处理的需求。掌握这一要点以后,Fresh Express 公司进行了创新。组织人力生产经过预洗、整理、切好的盒装蔬菜。对于上班族而言,这样的产品购买回家后可以直接烹饪,省时、省力,而且蔬菜新鲜。Fresh Express 公司创新的盒装蔬菜改变了消费者的消费,也使 Fresh Express 公司每年的销售额提升到 60 亿美元。

企业生存和发展的基础是提供好产品、好服务,做好营销。对于两种典型的满足市场需求的模式,需要根据企业的定位进行选择。

思　考　题

1. 为什么说市场需求是创新催化剂?创造需求是否也是创新催化剂?

2. 比尔·盖茨是如何抓住市场需求这个方向标的?

3. 为什么说创新者必须抓住市场需求这个方向标?

4. 有人说两个协议造就了微软公司的成功,对吗?

5. 比尔·盖茨说的"机会大,并不等于你就会成功",说明了什么?

6. 乔布斯为什么从不看用户调研报告,不考虑用户的需要,不遵从用户的需求?

7. 创造需求的核心是什么?

8. 具有艺术美的产品为什么能深得人们的喜爱?

9. Fresh Express 公司为什么能够取得成功?

第 8 章　团队协作

团队精神是企业的基本精神之一。早期计算机软件和硬件的创新,能够单打独斗,如斯蒂芬·沃兹尼克可以单独一个人研制成功 Apple Ⅱ 计算机,有"中国第一程序员"之称的求伯君可以一个人开发出 DOS 版的 WPS 软件。现在,不论是硬件方面还是软件方面的创新,必须依靠团队,只有依靠集体的力量才能成功。所以,有一种说法:过去,创新者是闭门造车的独行侠;现在,创新者是开放合作的团队。

IT 企业与非 IT 企业,团队协作的运行方式不同。

8.1　IT 企业的团队协作

1. "跳棋"计划给我们的启示

由于 Apple Ⅱ 计算机的巨大成功,1980 年的一天,IBM 公司召集了一个高层咨询会议,讨论如何应对如火如荼的微型计算机热。各方争论不休,这时实验室主任洛伊提议,打破常规,秘密组织一个精干的研究小组,一年内开发出 PC。大家一致同意了洛伊的建议。

"跳棋"项目的负责人是唐·埃斯特利奇。IBM 公司的职工上班时着装整齐,皮鞋锃亮。但是,埃斯特利奇却经常一天到晚穿着牛仔马靴咚咚晃荡,总是与众不同。不过,埃斯特利奇与乔布斯、比尔·盖茨很像,这是否为 IT 创新奇才所具有的共性?洛伊挑选了 12 名最优秀的专家,他们被秘密送到佛罗里达州迈阿密的博卡科顿,那里有一个 IBM 公司的研发中心。

"跳棋"小组共 13 人,其中 8 名工程师,5 名市场营销方面的专家。这样的人才结构充分说明了 IBM 公司重视用户、重视营销的传统。这样的团队架构使 IBM 公司研制的 PC 十分贴近用户，IBM 公司的创新产品 PC 对用户具有极大的吸引力。

在 PC 的研制上，埃斯特利奇打破了 IBM 公司的常规，采用开放式模块架构，即 PC 的 CPU 采用 Intel 公司的微处理器，操作系统则选用微软公司的 MS DOS。埃斯特利奇的创新，使 PC 一举成为计算机产业的核心产品，PC 持续统领了整个微机产业近 20 年。

在紧张的研制过程中，"跳棋"项目小组的每个人都主动加班工作。埃斯特利奇一般晚上 11 点到研发现场，往往需要叫醒由于太累而在终端前睡着了的工程师，把他们送回家休息。

PC 研发成功后，开始批量生产。一次，埃斯特利奇半夜来到生产线，看到有两台机器搁在一旁。他问这是为什么，工人说，因为 UL 标签有问题。埃斯特利奇看了看说："可是上面有 UL 标签啊。"工人转身对他说："标签贴歪了。"听了这话，埃斯特利奇很高兴，因为工人比他还懂得质量的重要性。

2. 微软公司的团队协作

微软创造了 IT 产业的团队文化形式。微软公司招聘人才，对人员的要求包括：对计算机技术有沉迷的热情，把编程看作思维的乐趣，率真且无视权威。最早的微软团队如图 8-1 所示。

图 8-1　最早的微软团队

微软公司首创以项目小组的形式开发计算机软件。计算机软件开发工程师的专业性很强，他们需要对自己的知识不断积累、不断创新，开发出的软件产品不能出错（但是，从软件工程的角度来说，计算机软件的最大特点是不能证明所编的程序代码是正确的）。软件开发是一种纯智力的劳动，无法以硬性的标准衡量。软件产业的文化不能与传统的产业文化相比。所以，微软公司建立起了平等而又充满争论的团队文化。这样的产业团队文化需要思想的交锋，并在思想的交锋中产生创新的火花（灵感）。软件开发过程中，不同的视角要有争辩，不同视角在争辩中能够创造出独特、完美的产品。这样的团队创作、团队合作精神在微软公司产品项目小组中处处存在。微软公司创造的团队协作方式深深地影响了整个 IT 产业，也充分说明了团队合作的方式、内容和意义在不同的组织环境中各不相同，不能千篇一律。

比尔·盖茨与乔布斯一样，对权威毫无敬畏之心。在微软公司，比尔·盖茨鼓励员工敢于进行思想挑战，他要求汇报工作时，所有项目小组都要遵循"敢提不同意见"这一原则。他创立了项目小组的"三足鼎立"结构：项目小组由软件设计员、编程员、测试员组成，3 种人员相互之间彼此挑刺，目标是尽可能地找出软件中的 Bug，刺挑得越多，越有成绩，最后的产品越完善。Windows 操作系统的测试为世界上大规模的软件测试之一。每个新版本的 Windows 操作系统在正式发布前，都要进行多达儿十万次的测试，这是最大规模地给软件挑刺。微软公司还设立奖项，鼓励黑客对他们开发的系统软件进行攻击，并对攻击成功的黑客，以及对挑出软件中 Bug 的攻击者予以奖励。微软公司这么做的目标只有一个，就是对产品负责，对用户负责，向用户提供高质量的产品。

在项目小组中，小组成员相互平等，组长没有特权。组长的主要职责是沟通和协调。组长应该解决本组内可能的任务冲突、人员冲突和时间冲突，使大家能够愉快合作，按时完成产品的开发任务。

大家共同的目标只有一个：让产品按时、高质量地完成。

微软公司的分工极其明确，流程设计十分周密。团队中的每个成员都十分清楚自己的职责，自己的工作在整体中的位置和顺序，自己任务的时间进度要求等。每个人的工作都无法被他人替代，需要彼此相互尊重，同时又要敢于向他人或向领导提出自己的不同见解。这样的体制和架构，保证了大型项目的有效完成。例如，Windows 7 操作系统约 5000 万行代码，核心团队约 1000 名软件工程师，分 23 个项目小组进行开发。每个小组大约 40 人，其中包括程序经理、开发工程师和测试工程师。23 个小组分别是：

- Applets and Gadgets（小程序和边栏应用）；
- Assistance and Support Technologies（协助和支持技术）；
- Core User Experience（核心用户体验）；
- Customer Engineering and Telemetry（用户工程和遥测）；
- Deployment and Component Platform（部署和组件平台）；
- Desktop Graphics（桌面图形）；
- Devices and Media（设备和媒体）；
- Devices and Storage（设备和存储）；
- Documents and Printing（文档和打印）；
- Engineering System and Tools（工程系统和工具）；
- File System（文件系统）；
- Find and Organize（查找与组织）；
- Fundamentals（基础）；
- Internet Explorer（浏览器，包括 IE 8）；
- International（国际化）；
- Kernel & VM（内核与虚拟机）；
- Media Center（媒体中心）；
- Networking-Core（网络-核心）；
- Networking-Enterprise（网络-企业）；
- Networking-Wireless（网络-无线）；
- Security（安全）；
- User Interface Platform（用户界面平台）；
- Windows App Platform（Windows 应用平台）。

这么庞大的开发队伍，若没有有效的团队协作机制，根本无法完成操作系统这样的大型创新任务。

应该说，微软公司在软件产业的企业管理上做出了非常成功的创新。

8.2　非IT企业的团队协作

宜家家居(IKEA)是世界上品牌知名度较高的公司之一,是瑞典的公司,公司文化在很大程度上折射出了瑞典的民族文化:平等、低调、朴实、现代。宜家家居创建的团队文化独具特色,是该企业成功的关键因素。

宜家家居的团队按家具的品种和类别划分。一个团队负责同一类家具(如办公家具、厨房用品、地毯、沙发)。为了鼓励团队成员间高度融合和协作,公司并不给每个员工明确的岗位说明,相反,他们要求团队成员自己商榷讨论决定谁负责什么,整个团队如何运作最有效等。团队的领导人与他人平等,没有特殊的头衔,主要职责是协调沟通,理顺团队并让每个人都能充满乐趣地工作。

宜家因为是家居用品店,每个人的工作内容都不复杂,每个人都能胜任他人的工作,没有人是不可取代的(与微软公司的团队完全不同),所以团队的管理关键在于队员之间的磨合和默契,在于创造积极向上的、彼此信任和喜欢的团队气氛。这样,在任何一个人忙不过来的时候,暂时有空闲的人就会(应该)主动帮助,唯一的目的是让顾客得到良好、满意的服务。

宜家的奖励方式也比较特别,目的也是鼓励团队成员之间互相认同,彼此喜爱。宜家规定,将一年中的某一天用来奖励所有员工,那一天售出家具的全部收入,以奖励形式奖给每个员工,以让员工能够形成对宜家强烈的归属感,将自己视为大家庭中的一员。

8.3　团　队　精　神

团队精神是一种集体意识,具体来说是大局意识、服务意识和协调意识的集中体现,其核心是协同合作,目的是最大化地发挥团队(组织或企业)的潜能。团队精神反映了团队成员的士气,是团队所有成员价值观和理想信念的基石,它能够凝聚团队的力量,促进团队的进步,以团队的力量取得远较非团队力量所能获得的成功。

团队精神是现代企业不可或缺的精神。现代企业的最显著特点之一是强调员工的团队协作。对于不能很好相互协调、没有团队协作精神的人,没有一个企业能够容纳。因为在一个团队里,有了很好的团队协作,使每个人都能够充分发挥自己的优势,这个团队必定无比强大,否则,这个团队很可能一事无成。

一个集体中,每个人都有自己的是非看法。通常,每个人都会习惯性地认为他人与自己一样,会以自己的标准看待他人,要求他人。这就可能引发相互之间的矛盾,造成团队成员之间不协调。团队成员和谐相处的秘诀是:肯定别人、尊重别人、关心别人、帮助别人、赞美别人、学习别人、感恩别人。在企业团队中,任何一位员工的利益都与他人捆绑在一起,帮助别人就是帮助自己。团队协作应该与信息理论相似,在团队中帮助了别人,别人得到了,但并非我就失去了——结果应该是多赢。

在现代,一个有创新理想抱负的人,仅凭自己孤军奋战,单打独斗是不可能成就大事的。没有个体也就没有团队,没有团队,个体就谈不上成长和发展。团队由个体组成,团队能够成就个体。团队精神所具有的力量可以说是无处不在,一个家庭、一个企业、一个组织、一个国家……良好的团队精神,来自正确的管理文化。作为团体中的一员,没有良好的从业心态和自觉融入团体的心态,就不会有坚实的团队精神。

自己属于某个团队,可以减轻"独立无援"时的不安全感,内心会有强大、自信的感觉,能够大大增强对外来威胁的抵抗力。自己属于某个团队,困难时会想到求助团队,以获取指导、帮助和支持。对所有人来说,工作团队有助于满足彼此之间的友谊和社交需要——我属于我自己,我也属于这个团队。

团队精神尊重团队中每个成员的兴趣和成就,要求团队中的每一个成员都以提高自身素质和实现团队目标为己任。每个人都有自己的优点,也存在自身的不足。团队合作的基础在于每个人应发挥好自己的特长,把自己的工作做好,这样才可能激发出团队的潜力,才能取得远远超过个人业绩的总和,才能得到 $1+1>2$ 的效果。

企业的团队协作,具体来说有以下几方面的要求。

(1) 企业文化。

创建"无摩擦"(friction-free)分享信息的企业文化。对设计工程师来说,一定要认真听取维修技术人员来自一线的反馈信息,虽然反馈信息可能是产品的负面信息,会令设计工程师不安。设计工程师认真听取来自一线的反馈信息,并且扎实改进自己设计中的不足,才能使产品满足用户的需求,让自己的产品设计更为完美。

(2)客户。

要做到并保持与客户紧密合作。对于客户经理、维修技术人员来说,保持与客户的紧密联系,做到实时解决客户的困难、满足客户的需求是自己的第一责任。

(3)团队成员。

要重视、承认成员之间的差异,但不强调差异。努力做到团队成员优势互补,才可能打造一个优秀、连续、高效的团队。

(4)学科竞赛与团队协作。

上面从企业的角度论述了团队精神。对于大学生来说,他们可能认为自己现在是在校学生,上面的论述好像与自己无关。应该知道,今天你是学生,明天就走上社会。你今天的学习是为了明天走向社会。所以,你必须要有向前看的眼光,为明天的自己做好准备。

大学生的学科竞赛和综合竞赛十分强调团队的协作精神。学科竞赛和综合竞赛一般要求3个人组成一支参赛队。3个人的竞赛队就是一个小团队,一个学校的竞赛队是一个大团队。要夺取竞赛的胜利,必须保证竞赛小队有效协作,必须做到整个竞赛队良好协作。

8.4　富兰克林效应

俗话说:一个篱笆三个桩,一个好汉三个帮。你对他人的容纳度有多大,你事业的成就就能有多大。要想成就自己的创新理想,必须有容纳他人、团结他人的品德,懂得团结他人的技巧。

富兰克林当选州议会秘书后,想争取另一名国会议员的支持。这名议员十分冷酷,其心肠如铁石,并且对富兰克林没有好感。

富兰克林打听到议员家里有一本珍藏的稀世图书,于是写信向议员借书,没过几天,书寄了过来。过了一段时间,富兰克林把书寄回,并附上便条,郑重表达了感谢。从那以后,这名议员对富兰克林的态度转变了,见面时主动和富兰克林打招呼,还表示愿意为他提供帮助,后来两人成为了好朋友。

富兰克林把这段经历归结为:"相比那些被你帮助过的人,那些曾经帮助过你的人会更愿意再帮你一次。"换句话说,让别人喜欢你的好方法不是去帮助他,有时候反而是要让他来帮助你。有人总结说:"**这是一种反向获取人脉的方法。**"因为你在麻烦别人的过程中,让对方感觉到自己"被需要、被重视",使他有了自我价值的感觉。所以,懂得如何麻烦别人,是高情商的表现,增多了人与人之间的温情。

知恩图报:知恩图报是保持团队凝聚力、战斗力的基本要素之一,是人际关系最重要的培育举措,也是相对低成本人际关系的培育举措。你在困难的时候,有人帮了你,你懂得礼尚往来,知恩图报(并非金钱,感情的报答往往比金钱更有效),下次再有困难,一定还会有人帮你。否则,所有人都将离你远去。

保护积极性:一位表演大师准备上场表演,上场前,他的一位弟子告诉他鞋带松了。大师点头致谢,蹲下来仔细系好。等弟子转身后,大师又蹲下来将鞋带解松。一个旁观者看到大师所做的这一切,十分不解,问:"大师,您为什么刚将鞋带系紧,现在又将鞋带解松呢?"大师回答说:"因为我要饰演的是一位劳累的旅行者,长途跋涉让他的鞋带松开了,以鞋带松开这个细节表现他的劳累憔悴。""那您为什么不直接告诉你的弟子呢?""他能细心地发现我的鞋带松了,并且热心地告诉我,我应该保护他这种热情的积极性,应给他鼓励,至于为什么将鞋带解松,将来有很多机会教他表演,可以在教他表演时再说明,这对他的理解更有帮助。"大师的所为不仅保护了他人的积极性,更是从细微处团结他人的很好示范。

麻烦他人要有分寸:公司里来了一名新实习生,嘴巴比较甜,大家都乐意帮助她。但是,时间一长,同事开始逐渐疏远她,最后她被迫离职了。导致这样的结果,与她自己的行为有关。工作中,她常常向同事请教问题。她问的大部分问题,只要稍微思考一下就可以解决,但是,她都选择去问人。每个人都有自己的工作,在她"请教"时别人不得不中断自己的工作,一两次可以,多次这样别人就受不了。

这是同事疏远她的原因。可以自己解决的事情，就不要、也不应该麻烦他人。

思 考 题

1. 不论硬件还是软件方面的创新，为什么必须依靠团队才能成功？

2. 埃斯特利奇在 PC 开发上采用开放式的研发策略，影响有多大？

3. 你了解微软 IT 产业的团队文化吗？

4. 微软大型项目开发采用怎样的体制和架构？

5. 宜家家居的团队协作方式为什么不能与 IT 企业相同？

6. 你同意容纳度的大小与事业成功的大小成正比吗？

7. 你认为富兰克林的做法是团结人的手段，还是技巧？

8. 你理解和赞同表演大师的做法吗？

9. 学科竞赛为什么必须有良好的团队协作？

第9章　观察与思考

观察与思考在创新实践中,特别是在科技类创新实践中具有极其重要的作用,是科技创新成功的要诀。

9.1　不锈钢发明给我们的启示

现代人对不锈钢十分熟悉,不锈钢在日常生活中随处可见。例如,餐具、厨房用具、住房的装饰窗、身上挂的钥匙扣,大部分是用不锈钢材料制成的(图 9-1)。现代工业中很多机械设备、化工设备、医疗设备,国防、航空、航天以及尖端科技的各个领域都少不了不锈钢的应用。原因很简单,普通的钢铁材料容易生锈。用普通钢铁材料制作的设备一旦锈蚀,不仅不美观,而且直接影响设备的使用。

图 9-1　各种不锈钢制品

那么,不锈钢材料是怎样诞生的呢?

人类冶炼钢铁的历史已经很长了。19世纪,人类发明了转炉等现代化的冶炼设备。转炉炼钢,可以比较方便地在冶炼过程中添加碳和其他金属或元素,并控制其添加数量,改变钢铁的合成比例,从而控制和改变所生产钢铁的性能。冶炼钢铁时加入某种化学元素,添加的比例不同,可能得到不同硬度、强度、韧性、塑性及耐磨性、耐热性、耐酸性,以及不同机械性能、物理性能和化学性能的金属(钢铁)材料。

人类的历史一定意义上来说是一部战争史。战争促使了很多东西的发明。1912年,第一次世界大战前夕,战争的火药味已经弥漫欧陆大地。为了实战的需要,英国政府决定研制一种耐磨、耐高温的枪膛钢材,并将这一任务交给了冶金专家亨利·布雷尔利(Harry Brearley)。布雷尔利试验把铬与钢熔合起来,希望生产出一种适合于来复枪枪管的合金。布雷尔利带领助手进行了各种可能配方的冶炼试验,一次又一次试验,一次又一次失败,炼出的钢经测试检验都未能达到制造枪膛材料所规定的要求。这些试验后,失败的钢块被丢弃在试验场的一个露天墙角。时间一天一天过去,废钢块越堆越多,露天的废钢块经日晒雨淋,形成一个锈迹斑斑的废钢块小山。

虽然多次失败,但是布雷尔利没有气馁。他带领试验小组一边总结、调整、修正添加化学元素的配比,一边继续做试验。

因为其他需要,试验人员开始清理这座锈迹斑斑的废钢块小山。清理时,人们发现在这充满锈蚀的废钢块小山中,竟然有几块废钢块闪闪发亮,没有生锈!

没有生锈的钢块被送到布雷尔利手中。为什么这几块钢块没有一点锈迹?布雷尔利捡起这几块钢块,仔细观察,感到十分诧异。他决定进一步检验、研究这几块奇怪的钢块。根据钢块上的标记,他们仔细回忆,反复查阅炼钢试验记录。但是,由于试验的次数太多,试验记录又不完整,无法追溯这几块钢块的确切冶炼时间和配方。

布雷尔利决定对这几块奇怪的钢块进行化验,以查明它们的化学元素成分含量。经化验检测,得到的分析结果是:钢块是铁铬合金,其中含碳0.24%、铬12.8%。有了这个初步的检测结果,布雷尔利继续对钢块进行研究。研究包括进一步的腐蚀性试验和按配比的冶炼试验。

进一步对钢块进行水、酸、碱等腐蚀性试验以及冶炼试验。试验结果证明，这些铁铬合金的材料具有任何时候都不易锈蚀的特点。不锈钢因此而被发明。不锈钢的成分是含有17％～22％的铬，较好的钢种还含有镍。添加钼可进一步改善其耐大气的腐蚀性，特别是耐含氯化物大气的腐蚀性。根据用途不同，人们研制出100多种不同种类的工业用不锈钢，每种不锈钢都能在特定的应用领域表现出其良好的性能。

布雷尔利因此获得了"不锈钢之父"的尊称。

9.2 不干胶、纸巾发明给我们的启示

1. 不干胶的发明

不干胶标签使用时不用刷胶、不用涂浆糊、不用蘸水，粘贴时方便、快捷，无污染，应用范围越来越广。它的发明和使用有着一个曲折的故事。

3M公司传统的企业战略是"发现需求，然后满足它"。

斯宾塞·西尔沃（Spencer Silver）博士是3M公司的一名化学家。1968年，他试验并发明了一种胶水的新配方。按照这种新配方配制出来的胶水黏结力小，黏不住重东西，这项胶水的新配方被判定为不成功的发明。不过，这种新配方胶水的特点是，可以方便地粘在物体上，撕下来很容易，并且撕下来以后，被粘物体上不会留下任何痕迹。

阿瑟·弗赖伊也是3M公司的一名化学家，他办事很讲究效率。弗赖伊又是一名虔诚的教徒，每个周日都要到教堂的唱诗班唱歌。不过，他有一个特点，就是记不住每次所指定要唱的圣歌。为了弥补自己记忆力差的不足，他每次都带上唱本，在唱本中夹上一张小纸条作为记号，以便唱诗时能直接翻到指定要唱的圣歌页。

1974年一个星期天的上午，弗赖伊照例来到教堂准备唱圣歌。但是，唱本中所夹的小纸条不见了。弗赖伊反复翻找才找到指定当天要唱的圣歌。他想：夹小纸条做记号容易丢失，要是有一个能相对固定，不容易失落的书签就好了！这个想法出现以后，触动他反复思考，如何才能发明出这样一种独特的书签。

他想到邮票,利用邮票背面涂的胶,用舌头一舔就能贴在信封上,很方便。但是,邮票的缺点是粘上以后就揭不下来了。又想到贴伤口的胶布,胶布的不足是贴上后再揭下来,会留下粘贴后的痕迹,由于痕迹很难看,因此胶布也不合适。

一天,弗赖伊突然想起几年前斯宾塞·西尔沃的那项不成功的发明。斯宾塞发明的黏结剂具有一定的黏结性,粘在任何物品上都不会轻易掉下来,但又很容易揭下来,其更大的优点是揭下后,被黏物品上不会留下任何痕迹。这些特点正好符合前面自己的那些想法和要求。

弗赖伊立即开始试验。3M 公司为此组建了一个新品开发小组,配合弗赖伊开发这种理想中的产品。经过一年的试验和努力,弗赖伊采用西尔沃的发明,开发出一种带有黏性的黄色便笺本。

新品研制出来后,这种可贴可揭的纸被称为不干胶纸。经过 3M 公司的市场推广,现在越来越多的场合都有不干胶纸的身影。不干胶纸也不再仅限于黄色,而是出现了多种多样的色彩。做书签也仅仅只是其中一项小小的应用。电冰箱门、厨房的墙壁、书刊、各种报表,甚至遗嘱上都可贴上这种不干胶纸。到朋友家造访,若主人不在家,只要用随身携带的这种便笺写下一张留言,撕下往朋友家门上一贴,主人回来后很容易揭下这张留言纸条,还不会留下任何污染痕迹。带有鲜艳的色彩、有趣的卡通图案所制成的不干胶纸,更是小孩子的心爱之物。各种不干胶制品如图 9-2 所示。

图 9-2　不干胶制品

2. 纸巾的发明

有人这样说："每次使用卫生纸心里都产生感慨,卫生纸真是世界上伟大的发明,难以想象生活中没有卫生纸将会是怎样的情形。"

20世纪20年代初,美国斯科特纸业(Scott Paper)公司买了一大批纸,由于运输过程中保护不善,纸被雨淋湿,纸面受潮后产生了褶皱,无法正常使用。面对一大仓库受潮的纸张,企业主管束手无策。在主管会议上,有人提议将这批纸退回供应商以减少公司的损失,与会人员都同意这项附议。

公司负责人斯科特细心地观察了这批纸,发现这些受潮的纸张变得很柔软。他想,若将这些褶皱纸切成条状,再打上一排排小洞,纸会变得容易撕成小块。斯科特将小块的纸命名为"桑尼"纸巾,卖给学校、车站等厕所,结果大受欢迎,"桑尼"纸巾的销售利润比普通纸张还高。于是,公司加大力度进行推广,慢慢地,褶皱纸面的纸巾进入广大家庭,成为家庭生活中不可或缺的用品,斯科特纸业公司获得了很好的利润。

现代卫生纸制造采用棉浆、木浆、竹浆、草浆等天然无污染原料。造纸厂对卫生纸用纸浆比普通用纸增加了打浆时间,卫生纸的柔软度更好,采用机械方法使纸产生皱纹,使卫生纸的使用效果更好。卫生纸的定量一般在 $30g/m^2$ 以下,特征要求是吸水性强、纸质柔软、厚薄均匀、无孔洞、起皱均匀、色泽一致、不含杂质;卫生纸要求无毒性化学物质、无致病病菌、无对皮肤有刺激性的原料、无霉菌病毒性细菌残留。小卷双层卫生纸打孔间距一致、针孔清晰、易撕、整齐,极薄极脆弱;遇水容易分解,达到优良环保产品的要求。

"桑尼"纸巾持续发展,先后延伸出餐巾纸、手帕纸、保湿纸巾、抽取式面纸、卷筒卫生纸、面巾纸、厨房用纸、压花高级卫生纸等系列产品,形成生活必需品的一大产业。

9.3　创造应用需求

熊彼特认为:创新能够促使已经成熟的产业发生革命性变化。他早在1911年提出:企业必须经常采取措施推动消费者对其产品的需求。"(人类)需要的自发性一般很小"，因此，"一般是生产者推动经济变化，而消费者只在必要时受到生产者的启发；消费者好像是被教导着需求新东西，或者是在某些方面不同于甚至完全不是他们所习惯使用的东西。"熊彼特的观点是：人们内在需求并不大，但如果对其进行适当的刺激（如广告宣传等），可以使它变得无穷大。法国社会学家埃米尔·涂尔干类似地提出："我们的需求是无限的。一个人拥有的越多，他想要的也越多。"

上述三个企业创新、发明的小故事，说明了创造（应用）需求早已有之。所以，创造需求模式不是 IT 产业的专利，更不是乔布斯的专利。乔布斯对创造需求模式的贡献，是将产品设计推向了艺术化的高度。

布雷尔利领导的耐磨、耐高温枪膛钢材的试验中，试验人员在清理场地时不注意观察，就不会发现那几块不锈的钢块，不锈钢的发明暂时也就不可能了，至少会推迟若干年。一般具有创新经历的人都有这样的体会：创新发明以及伴随创新发明的实践中，观察是试验的重要组成部分，仔细地观察对试验的成功，以及对创新的成功，其重要性怎么评价也不为过。

布雷尔利看到那几块不锈的钢块后，如果不思考为什么这几块钢块经风吹雨打后却不生锈，并且立即对它进行一系列有针对性的试验，不锈钢的发明在那时也不可能。

不干胶是一项不起眼的发明创新，是人们生活之所需。阿瑟·弗赖伊创造了不干胶的需求，并引导人们接受它。弗赖伊在小书签掉了以后产生了灵感。如果他不执着地思考如何得到这样一种具有一定的黏性，还容易被揭下来，揭下来后又不留痕迹的小标签，也就与不干胶标签的发明失之交臂了。弗赖伊在确定自己的想法以后，不想方设法实现它，西尔沃的那项不成功的发明也就永远是不成功的了。

纸巾更是一项变废为宝的发明，更是人们生活中必不可缺的，人们一直具有这样的生活需求，但不知道如何实现它。由于斯科特的细心观察，发现受潮纸张变得很柔软，并进一步极有创意地将褶皱纸打上一排排小洞，使纸变得容易撕成小块，以"桑尼"纸巾的方式向学校、车站等厕所推广使用，不仅使公司避免了损失，还成就了一大产业。

故事同时还论证了乔布斯所言："人们不知道想要什么，直到你把它摆在他们面前"的论断。正如熊彼特指出的：企业家精神以及企业家是经济增长的关键所在，企业家拥有"特别的眼光"，是创新的主体。

三个小故事说明了要善于发现生产和生活中存在的，暂时为人们所不知的应用需求，要针对应用需求进行观察和分析。观察指有目的、有计划、有步骤、有选择地观看和考察需要了解的事物，从中发现不平常的东西，从表面上的貌似无关，发现其中关联的蛛丝马迹。要边观察边分析，在认真观察的基础上深入分析，引发灵感，取得创新成功。

更重要的是：一旦有一个奇妙的想法（灵感），一定要牢牢抓住它，要持续、坚持不懈地实践，以实现它。

思 考 题

1. 你能列举观察与思考对创新成功的重要性吗？

2. 如何在创新实践中做到深入地观察与思考？

3. 爱迪生做试验是否遵循了仔细观察和深入思考的要诀？

4. 你认为，观察与思考哪一项对创新的成功更重要？

5. 如何创造生活中的应用需求？

6. 如何变废为宝，创造生活中的应用需求？

第 10 章　创新能力实践

创新思维的习惯是在具有创新意识的基础上,历经众多创新实践的锻炼培养而成的。

培养具有创新意识和创新思维的个性品质是创新教育的核心,创新能力的培养和发展应适宜人的个性的发展。具有个性的创新者不一定有发明创造,但是,没有个性则肯定不会成长为创新者。以色列人认为,平等、宽容失败和独立思考是他们国家创新活力的重要源泉。

具有创新意识和创新思维的人,必须具备创新能力才能获取创新的成功,成长为创新型人才。牛津大学校长 C.鲁卡斯要求大学培养的人"要有很高的技术,非常宽的知识基础,很强的个人责任感、革新能力和灵活性。个人能够不断地获取新的技术以适应其需要。"

10.1　创新培养环境

斯坦福大学的石毓智博士指出:诺贝尔奖是"发现奖",不是"发明奖"。"发现"是"发明"的前提,是科学理论赖以建立的基础。他说:"任何科学领域的天才都是有基数的,不可能人人都是天才。当喜欢的人越多,出现天才的概率就越大。其次,社会的价值判断决定年轻人的智慧发挥方向,也决定他们的竞争意识的取向。"

创新意识的养成,需要从小(娃娃)抓起,贯穿人生的全过程,需要历代的持续培养、持续努力。

幼儿心理学家认为:幼儿 1 岁半之前的好奇心都能得到满足。1 岁半以后,教育的差异会逐渐表现出来,有些幼儿的好奇心仍能得到满足。他们的妈妈不会以成年人的思维方式和要求限制孩子的探索行为,哪怕某一行为会留下一个让人哭笑不得、令人尴尬的结果。

而我们看到更多的情况是这样的:

宝宝在跑,妈妈会说:"不要跑! 跑会跌倒的!"

宝宝在跳,妈妈会说:"不要跳! 跳会跌坏的!"

"不要玩泥巴,看你的手弄得有多脏!"

"坐正、坐好,小手放好,不要乱动!"

"乖,听话!"

宝宝的"捣乱行为"会被喝止、压制。大人经常要求孩子干净整洁、循规蹈矩。其结果,小孩的童心消失了,童趣没了,童乐没了,好奇心、探索心、独立的个性全都不存在了。

每个人自小到大,谁没有跌过? 谁没有碰过? 跌破皮,碰个包就受不了了? 小孩自己跌了,跌痛了,下次他自然知道该怎么做。不让他跌,没跌过,他就不知道什么是跌,迟早还会跌。俗话说,不跌、不碰,孩子长不大。

有人形容我国的小学教育(其实从幼儿园开始)是"听话教育",中学教育是"应试教育",大学教育是"知识教育",甚至是"知道教育";唯独缺少尊重个性,强调个性发展,注重素质教育,重视创新意识和创新能力的培养。结果,学生的应试能力很强,在国际奥林匹克学科竞赛中,我国选手能屡创佳绩。但是,他们与重大的科技创新却无缘。

要让孩子在成长过程中接触更多与创新相关的活动,如科技博物馆、各类科普讲座、课余科技兴趣小组等。这些看似微不足道的安排会在孩子幼小的心灵中播下创新的种子,会在未来生根发芽。

创新本质上属于标新立异的行为,具有巨大的失败风险。中国诸多由来已久的说法,如"枪打出头鸟""人怕出名猪怕壮"等,在潜意识中阻止了标新立异思维、创新精神的形成。

哈佛校长德鲁·吉尔平·福斯特(Drew Gilpin Faust)在欢迎 2021 级新生大会上说:"真理既是愿望,也是灵感。我们知道,对知识的探索永无止境,所以我们必须对新的想法、新的观点以及犯错的可能性持开放态度。这就要求我们具备勇敢、宽容和谦逊的品质，愿意参与到知识社群的辩论，愿意包容他人的想法，并愿意基于理性和证据改变自己的观点。"

10.2 创 新 实 践

具有良好创新素质的有志创新者，需要经历创新实践的磨炼，才能成长为创新型人才。作为一名大学生，参加学科竞赛是创新实践锻炼的最好途径和最佳方式。

企业创新，以挖掘生产生活的需要，满足市场需求为上，如前所述 IBM 公司和微软公司的案例。从市场调研和服务调研，到生产生活需求，再到市场需求中找寻、发现合适的创新项目，是取得创新成果的先决条件。创新项目一旦发现，果断做就可以了。

亚马逊创始人杰夫·贝佐斯说："成功没有神奇妙方，关键是要抢在别人前面。"

比尔·盖茨认为：成功的人往往能够在自己对某件事情充满热忱的时候立刻去做。

很多人都有自己的梦想和计划，但是他们却从来不去执行，只是躺在地上不动，在追求理想的过程中总是前怕狼后怕虎，他们不愿冒险，也懒得执行，这就是他们最终梦想破灭的原因。每个人的人生都会有很多机会，但是它们总稍纵即逝，一旦当时抓不住，就会永远失去。成功属于敢于尝试、敢于行动的人。

抖音创始人张一鸣有以下论述：创新就是要敢于尝试、敢于行动、舍得吃苦、舍得付出、舍得实践。

"Stay hungry"，即保持好奇心、上进心，应求知若渴。

"Stay young"，即保持成长（顶破天花板），到天花板，就无法再成长了。

工作时，不分哪些是我该做的，哪些不是我该做的。我做完自己的工作后，对于大部分同事的问题，只要我能帮助解决，我都去做。当时，代码库中大部分代码我都看过。新人入职时，只要我有时间，我都给他讲解一遍。通过讲解，我自己也能得到成长。

工作前两年，我基本上每天凌晨一点左右回家，回家以后还编写程序到很晚。这是因为有兴趣,不是公司有要求。很快,我从负责一个抽取爬虫的模块,到负责整个后端系统;开始带一个小组,后来带一个小部门,再后来带一个大部门。

做事不设边界。肯做,敢负责任,不推诿。当时我负责技术,但在遇到产品上的问题时,我也积极参与讨论,设计产品的方案。

参与产品的经历,对我后来转型做产品有很大帮助。我参与商业活动的经历让我知道怎样的销售才是好的销售。

成功者应具备以下5大特质:

第一,有好奇心,能够主动学习新事物、新知识和新技能。

第二,对不确定性保持乐观。

第三,不甘于平庸。走向社会后,为自己设定更高的标准。

第四,不傲娇,要延迟自身的满足感。

第五,对重要的事情有判断力。选什么专业、选什么公司、选什么职业、选什么发展路径,自己要有判断力,不要只看眼前。

10.3 学 科 竞 赛

创新人才的成长需要有一个开放的、能充分发挥个人主观能动性的、能自主锻炼和展示自身能力的空间,大学生的学科竞赛具备这些特点。大学生的学科竞赛有助于人文专业的大学生夯实知识基础,培养创新意识,有助于理工类大学生创新思维和创新意识的挖掘和培养,创新能力的培养、锻炼和提升。

学科竞赛和综合竞赛犹如一把公平衡量大学生在校学习效果和创新能力的尺子。不同类别高校的大学生在同一竞赛标准下竞争,体现了竞赛的公平性,能有效激励大学生的竞赛激情和学习热情,提升专业教学质量。竞赛培养了大学生吃苦耐劳、拼搏进取、团队协作的精神。实践证明,参加竞赛的大学生的动手能力、创新意识和创新能力远远高于没有参加过学科竞赛和综合竞赛的大学生。

10.3.1　动手能力培养

一个人的创新能力由两部分组成:一部分是智力,包括基础知识和专业知识、理解力、记忆力和想象力等;另一部分是实践能力,是面对突发事件和复杂局面时能够冷静处理,迅速抓住要害,找到解决问题的办法的能力。显然,参加大学生竞赛最需要这两种能力,也最能锻炼和培养大学生的这两种能力。一方面,大学生竞赛强化了大学生基础知识和专业知识的学习和掌握,锻炼了大学生的动手实践能力;另一方面,突发事件、复杂局面的出现是竞赛赛场的常态,参加竞赛的大学生面对赛场上突发的复杂局面,必须实时处理,能从中得到最好、最有效的锻炼。

若专业不同,大学生学习的理论知识和专业知识就不同。动手实践能力的培养和要求多种多样,概括起来主要包括实践动手能力、应用能力、资料的收集与整理能力、表达能力、表演能力等,具体来说主要有以下几方面。

- 常用元器件的识别(如种类、材质、参数等);
- 芯片的使用方法和引脚定义(如常用运算放大器、比较器、数字电路、AD/DA、电源芯片等);
- 单片机原理和嵌入式系统设计与开发技术;
- 电子电路设计;
- 仪器仪表的熟练使用;
- 各类传感器的识别和使用;
- 印制电路板的设计与制作;
- 焊接与装配技术;
- 系统调试与故障排除;
- 软件编程技术;
- 专业软件的使用(如 Photoshop、MATLAB、Maya、AutoCAD、CorelDRAW、3ds Max 以及影视后期制作软件等);
- 演讲技巧;
- 文档的组织与论文撰写;

- 影视拍摄技术；
- 影视后期制作技术。

理工类大学生参加学科竞赛应重点掌握的技能有：仪器仪表的熟练使用、焊接技术、C语言编程、常用电子元器件的识别、印制电路板的设计和制作、算法设计、相应学科工程软件的使用、互联网的应用、论文撰写等。就计算机科学和应用来说，参赛学生注重应用计算机，即应掌握如何应用计算机（含编程）解决问题。

文科类大学生参加学科竞赛重点应掌握的技能有相应专业计算机软件的使用、演讲技巧、论文撰写、摄影拍摄技术、影视后期制作技术等。对计算机的应用来说，文科学生注重计算机应用技术的使用，即掌握使用计算机这个工具解决问题的方法。

1. 仪器仪表的使用

常用的仪器仪表主要包括万用表、示波器、函数发生器、频谱分析仪等。这些是理工科参赛大学生必须熟练掌握的工具。具体应用请参照相应的教程。

2. 电子元器件的识别

主要电子元器件包括电阻、电容、电感、二极管、三极管、集成电路芯片等，理工科参赛大学生必须熟练使用它们。具体内容请参照相应的教程。

3. 焊接训练

焊接是一项能熟能生巧的技术，需要反复训练才能熟练掌握。电子元器件的发展方向是小型化、微型化。理工科参赛大学生应该掌握贴片元件焊接技术。

（1）电烙铁。

电烙铁有内热式、外热式、恒温式等。电子元件的焊接一般使用内热式电烙铁，规格通常为20W。如果有焊接经验，也可以用30W内热式电烙铁。

贴片元件、集成电路芯片的焊接对温度有一定的要求，应采用恒温电烙铁焊接。

电烙铁若长时间通电而不使用,烙铁头会因长时间加热而形成一层黑色的氧化膜,造成烙铁头不"吃锡"。

（2）新烙铁在使用前的处理。

用锉刀把烙铁头按焊接需要锉成一定的形状,然后接通电源。烙铁头的温度能熔化焊锡时,在烙铁头上粘满松香,松香冒烟后再涂上一层焊锡,如此反复操作 2～3 次,烙铁头的刃面挂满焊锡时开始焊接。

因长时间加热形成黑色氧化膜的烙铁头,按上述方法处理。

（3）焊接温度。

一般中小焊点、双面板、片式元器件、热敏元器件的焊接,使用锡铅焊料时,烙铁的温度设定为 $(250\sim300℃)\pm10℃$。

使用无铅焊料时,烙铁的温度设定为 $(350\sim380℃)\pm10℃$。

（4）焊接五步法。

焊接时,需要保证母材的焊接温度。若母材达不到所需要的焊接温度,则即使焊锡熔化,也无法完成焊接,容易形成虚焊点。焊接五步法如图 10-1 所示。

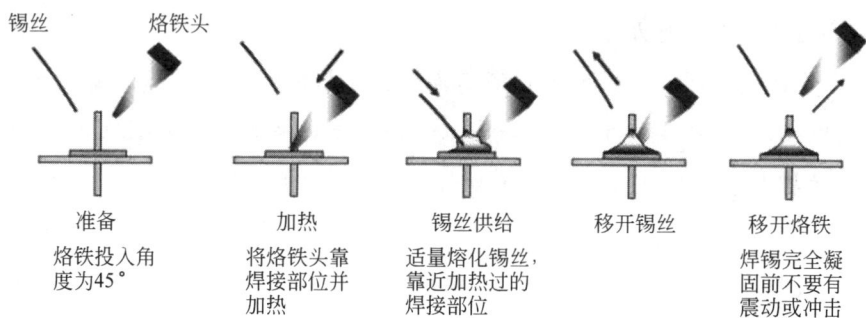

准备	加热	锡丝供给	移开锡丝	移开烙铁
烙铁投入角度为45°	将烙铁头靠焊接部位并加热	适量熔化锡丝,靠近加热过的焊接部位		焊锡完全凝固前不要有震动或冲击

图 10-1　焊接五步法

4. 印制电路板的设计和制作

智能车竞赛规则中强调,智能车上的电路板应由参赛队员自己设计制作。一块小小的印制电路板内含的知识、技术和技能有很多方面,能够很好地体现参赛大学生的动手能力和创新能力。所以,印制电路板的设计与制作是参加理工类竞赛大学生必须掌握的技术和技能。与该项技术相关的课程主要有"Altium Designer 使用方法"。

5. 编程

计算机编程是每个大学生都必须学习和掌握的知识。大学生竞赛中一般要求参赛队员掌握 C 语言编程技术,并掌握相应的多种算法。计算机编程属于熟能生巧的技能。要成为有实力、高水平的参赛队员,需要经过刻苦的软件编程训练。

上述技能的熟练掌握需要付出足够的时间、精力与耐心,要有敢于尝试、不怕丢脸、不计后果的勇气。这是一个注重自我学习、自我训练、自我成长的过程。在决心和毅力的支持下,从兴趣开始→动手做→反复练习→能力提高→进一步提升兴趣,以此形成良性循环。

有网友是这么诉说自己的参赛经历和动手能力的:"遇到一些实体项目,如无碳小车机械设计大赛,总是不知从何入手,跟老师去过工厂,也完成了金工实习,可是遇到一些具体的实物制作或实物分析,总是毫无头绪。对于学习机械的我来说,动手能力很重要,但自己又不知从何处入手锻炼自己的动手能力,从而提高自己的动手能力"。

一个网友的回答是:"你的问题不是动手能力不行,而是你压根就不知道自己要做什么。这就直接导致不知道如何着手,就像你想来一场说走就走的旅行,但你根本没有目的地,试想你又如何迈出旅途的第一步呢?

真正的动手能力不行,是指你和朋友都在折纸飞机(你们都已经知道如何去折),你朋友折的纸飞机一飞冲天,你折的纸飞机抛出去就掉在脚前,这才是真正的动手能力不行。"

另一个网友的回答是:"你描述的问题不是动手能力,是设计能力。无从下手是因为你缺乏相关专业的知识,在不懂的地方碰了壁就走不下去了。要解决此类问题,只能耐着性子主动学习。"

上述网友提出的问题及给出的回答,说明了指导老师引导的重要性。

6. 创新实验室

各参赛院校纷纷组建创新实验室,培训参赛队员,提升参赛学生的创新意识和动手能力,提升本校的参赛水平,进而提升学校的整体教学质量。创新实验室的强化竞赛培训在课余时间进行,属第二教学课堂。

(1) 参赛队伍。

创新实验室招收新人一般在每年 9 月下旬。当年的智能车竞赛、电子设计竞赛等主要学科竞赛活动基本结束,新生已到校。有的院校招新对象为大一新生,对大一新生进行培训和培养;有的院校从大二学生中招收新队员,大二学生已在校学习和掌握了一定的基础知识,培训难度较大一新生小。新队员的招收条件包括以下几方面。

① **兴趣**。兴趣是创新实验室选拔队员的第一要素。不能吸收对竞赛项目没有浓厚兴趣的同学为创新实验室的队员。一名优秀的创新实验室队员,要在创新实验室内能够沉下来、坐得住、耗得起。要做到这一点,必须对竞赛及参赛项目有浓厚兴趣。对竞赛项目没有兴趣,是无法在实验室中坚持学习的,也承受不了创新实验室的强化技能培训。孔子曰:“知之者不如好之者,好之者不如乐之者。”这里的“好”“乐”就是愿意学、喜欢学,有(竞赛方面)学习的兴趣。指导老师不能、也无法强迫创新实验室的队员参加高难度、高要求的技能训练,更无法强迫同学进入赛场比赛。

② **能吃苦**。竞赛要求参赛队员比一般同学掌握更多的知识和技能。所以,参赛队员必须加倍努力学习本专业的知识以及本专业以外的知识。别的同学在玩,自己必须耐下心来在实验室学习、做实验、调试小车、写论文,紧张时几乎没有休息时间,一两个晚上在实验室中不睡觉实属平常。没有吃苦的思想准备,没有奉献和拼搏的精神,根本无法在实验室中坚持。

作者曾在电子设计竞赛的赛前这样动员:“竞赛就要开始了,在 4 天 3 晚的竞赛时间内,不睡觉是正常的! 睡觉是不正常的”。

③ **团队精神**。大学生的学科竞赛和综合竞赛属于团队行为,团队的协作精神是竞赛的基础,能够取得良好的竞赛成绩一定是团队有效协作的结果。前面列出参加学科竞赛所涉及的知识和技能也说明了这一点。谁也不可能掌握那么多的知识和技能,要满足竞赛对参赛队员的知识和技能要求,参赛队必须是一支协作良好的团队,队员之间相互取长补短。大学生竞赛一般要求 3 个人组成一支参赛队。理想的组队是:一个人主硬件,一个人主软件,一个人主协调。三人的组合与协作,目标和要求是:$1+1+1>3$。

参加创新实验室,应抱学习、提高、参赛、交友、长见识的心态。

通过参赛,学习科学探索的方法。

通过参赛,培养探索、求知、求问的习性。

通过参赛,学习工程应用和工程实践的能力。

通过参赛,培养搜索信息、使用信息的能力。

通过参赛,培养查询工具和制造工具的能力。

通过参赛,培养耐心、精益求精、仔细打磨的工匠精神。

通过参赛,锻炼自我激励,在不同平台上交流合作的能力。

通过参赛,培养吃苦耐劳的习性。

通过参赛,锻炼面对困难的应对能力,即增加逆商。

(2) 管理。

创新实验室应采取开放式管理,以学生自我管理为主。队员可以 24 小时在实验室内学习、交流和实践。同时,鼓励非创新实验室的同学到实验室学习,让创新实验室的良好学风在校园中形成辐射。

① 队长。创新实验室的队长与竞赛成绩的关系极大。一定要选好、培养好队长。

② 参赛队的组建。各参赛队的组建主要有两种方式:一是 1 名老队员＋2 名新队员;二是学生自由组队。

指导"飞思卡尔"杯全国大学生智能汽车竞赛时,作者曾有这样的经历:一支参赛队必须由 1 名老队员＋2 名新队员组成,愿望是老队员能够教和带新队员。但是,实际组队的结果是当年的竞赛成绩并不好。查找和分析原因,老队员愿意教新队员,但一般没有教学经验。讲解一个问题,往往老队员说着说着,就自己动手做了,新队员不会干,只能站在边上看老队员做。结果,老队员一个人干得很累,新队员却什么也没学到。

第二年我调整了做法,要求同学自由组队。组队的结果是新队员与新队员组队,老队员与老队员组队。我很担心,但还是同意了这样的组队方式。由新队员组成的参赛队,行吗?当年的竞赛结果却很好。分析原因,新队员组成的参赛队,3 名队员相互之间谁也不能依赖谁,每个人都有压力,每个人都千方百计地学习,每个人都想方设法地干。不懂,主动向老队员请教。虽然新老队员不在一支参赛队,老队员仍会毫无保留地教,结果,新队员的进步很快。竞赛的结果是老队员参赛队成绩稳定,新队员参赛队成了黑马。

③ 学习和研讨。参赛队每周召开一次工作例会。会议内容主要有:布置各参赛小队的培训和学习任务;赛题的分配和安排;赛题完成情况的阶段性检查;各参赛小队之间进行技术交流,研讨存在的问题。

④ 涉及重大问题、高难度的问题,组织全体队员攻关。

(3) 培训。

培训时强调队员的学习风气、自学能力、实践动手能力的培养。要做到让队员爱上创新实验室,课余时间不由自主地来到创新实验室,喜欢在实验室内看书、学习、做作业、做实验。关键是让队员认识和体会到:在创新实验室里,他能学到他想学的知识,有他喜爱干的事,有他奋斗的目标,创新实验室能够帮助他实现他的人生奋斗目标。

(4) 指导老师。

指导老师是大学生学科竞赛有效开展的基础。指导老师要充分展示自己的人格魅力、个人风采,要做到让学生喜欢自己。

指导老师自身需要有很好的专业知识和动手能力,这是博得队员喜欢的基础。指导老师最好有企业工作或企业锻炼的经历,双师型的老师一般动手能力比较强,容易获得队员的喜爱。

① **服务**。做好参赛队员的后勤服务是指导老师的基本工作。指导老师应处处为队员着想,要发现并及时解决参赛队员的困难(竞赛中的困难、学习中的困难和生活上的困难等)。

② **尖子学生**。各校竞赛获大奖主要依靠尖子学生。指导老师要勤于观察、善于观察,注意发现有特长的学生,要把有特长的学生吸收到创新实验室中。有特长的学生往往做事认真、执着,有想法,有遇到问题不解决誓不罢休的特点,容易爱上创新实验室。硬件方面的尖子学生一般喜欢动手;软件方面的尖子学生一般话语不多,喜欢独立思考,喜欢编程;有创意的学生一般有自己独特的想法。

对有特长的尖子学生,指导老师一定要关心、爱护,要培养、挖掘和发挥他的特长。

③ **赛场指导**。赛场上,参赛队员稳定的情绪是夺取竞赛好成绩的基础。领队教师重要的工作之一是稳定参赛队员的情绪。要反复要求队员做到胜不骄,败不馁。若参赛成绩好,则要告诫队员不要大意,不要轻敌,争取夺大奖;若参赛成绩不佳,特别是尖子队员遇到挫折时,则要特别注意做好他们的思想工作,告诫他们要经得起失败的考验,可以继续努力来年再战。

赛场如战场。领队教师要做好参赛队伍的参赛决策。要想夺取更多、更好、更大的奖项,领队教师需要考虑以孙子兵法的战略思想组织和指导参赛。

一个有志把自己培养成为创新人才的大学生,要做到敢于尝试、敢于行动,要舍得吃苦,舍得付出,舍得实践,积极参加自己感兴趣的学科竞赛活动。通过竞赛前的强化培训和竞赛的锻炼,巩固自己的基础知识,学好专业知识,培养自己的实践动手能力。

(5) 队员体会。

谈及创新实验室,深有感触:"在这里,我学了很多,不仅锻炼了实践动手能力,培养了独立思考的能力,也让我更多地了解到外部世界,开阔了眼界。"

"创新实验室由学生自己管理,学生是主体,我们自己选队长,老队员带新队员。实验室的培训课由有参赛经验的老队员讲授,这样既能教新队员,又能加深老队员自己的理解体会,还能锻炼老队员的口才。"

"在准备比赛的日日夜夜,对于飞思卡尔实验室的队员,熬夜已经成了家常便饭,睡眠得不到保障,没有节假日可言,暑假更是整天待在实验室,甚至睡在实验室中。""在实验过程中如果遇到困难,自己就上网搜索资料或请教有经验的学长,实验通常经过反复尝试、多次失败后才能成功。"

另一位队员的体会:"在创新实验室我感受到快乐和充实,在实验室虽然很辛苦,但可以学习到很多知识,我很开心。在实验室我得到了动手实践的机会,这在班级里不可能有。在班级里,很多同学比较散漫,学习氛围不够好,无法集中精力学习,学习不到实践知识;在实验室,可以学习到一定的知识。

"我认为在实验室的学习已经让我在大学的学习中成功了一半,实验室的学习氛围十分好,这是在班级学习中无法比拟的,队员之间的竞争、比赛时的竞争十分激烈,我十分喜欢这种感觉,痛并快乐着。"

一位老队长的体会："想想在实验室的那些日子,每天不到凌晨两点,是不舍得回宿舍的,不然就会觉得没有充分利用时间。由于我们才识短浅,导致多走了很多弯路,经常因为一些小问题而停滞不前。幸运的是,在这段光阴里,一直有队友陪伴,我们风雨同舟,患难与共。这也让我们的团队变得坚不可摧。

"……没有学校的高度重视和老师的悉心关照,就不会有我们今天的成绩。没有学校提供的锻炼平台,也就没有我们的舞台;没有老师苦口婆心的教导,或许我们还在混沌中游荡。看着越来越多的同学积极加入我们的行列中,我想这应该是最值得欣慰的一件事了。我们要将刻苦学习的精神传递下去。

"经常会有学弟、学妹问,怎样才能做得更好,我的回答是兴趣。只要有足够的兴趣,无论遇到多少困难,都能坚持,最终一定会有很多的收获。

"谈到收获,曾经我们心中只是为了实现某个功能,甚至只是为了找出某个错误。现在看来,收获的不只是知识和荣誉,更重要的是这段经历。

"在披荆斩棘的探索中,我们学会了思考;在团队的分工里,我们学会了合作。经过比赛,我们懂得了,不管是成功还是失败,我们都将有所收获。赢不会使我们骄傲,输不会使我们气馁,我们会端正心态,追寻心中的梦想!

"不坚持到最后,就不知道自己将会收获什么。"

10.3.2　智能车竞赛

计算机应用分为通用式和嵌入式两大方面。PC、笔记本等属于通用式计算机。其特点是:存储器中安装有相应功能的应用软件,计算机就能完成相应的任务,即通用计算机的运行和功能取决于软件。嵌入式计算机软、硬件均采用量体裁衣方式配置,适用于对功能、可靠性、成本、体积、功耗等有专项要求的专用系统,即嵌入式处理器与所嵌入的设备融合为一体,其运行和功能既取决于软件,也取决于硬件,运行功能单一。

竞赛智能车是典型的嵌入式系统,它能够很好地帮助学生高效、优质地掌握单片机的接口和应用,并掌握嵌入式系统的理论和实践应用。

智能车竞赛是以智能汽车为研究对象的创意性科技竞赛,是一项面向全国大学生的探索性工程实践活动,是教育部倡导的大学生学科竞赛之一。竞赛以"立足培养,重在参与,鼓励探索,追求卓越"为指导思想,竞赛规则透明,被视为最公开、公平、公正的一项大学生学科竞赛项目。

竞赛涵盖控制、模式识别、传感技术、电子、电气、计算机、机械、能源等多个学科的知识。竞赛促进了高等学校的素质教育发展,培养了大学生的创新意识以及综合知识的运用能力、基本工程的实践能力,激发了大学生从事科学研究与探索的兴趣和潜能。大学生智能车竞赛融科学性、趣味性、技术性和观赏性为一体,深受高校师生的喜爱,历届参加竞赛的大学生无不深受其益。

大赛组委会的教师为了提高智能车的竞赛水平,为了保证赛事公平、公正,杜绝抄袭和伪冒行为,费尽了心血。大赛组委会每年推出一些新的赛项、车型和相应的竞赛规则。智能车竞赛分四轮组、直立组、节能组、双车组、信标组、越野组等多个组别,不同组别强调不同的设计重点。竞赛重点突出参赛选手在机械制造、自动控制、软件算法和编程能力方面的锻炼。

在规定的模型汽车平台上使用 8 位、16 位、32 位微控制器作为核心控制模块,通过增加道路传感器、电机驱动电路以及编写相应软件,制作一部能够自主识别道路或目标的模型车,按照规定路线或任务行进,以完成综合时间最短者为优胜。竞赛涉及的主要课程有"自动控制原理""单片机原理和嵌入式系统设计""机械设计""单片机接口原理及应用""C 语言编程"等。智能车竞赛赛场如图 10-2 所示。

智能车竞赛涉及的主要技能有:

- 智能车的机械结构设计;
- 元器件的选用及焊接技术;
- 印制电路板的设计和制作技术;
- 各类传感器的使用;
- 单片机编程(C 语言编程为主)技术;
- 各类算法(特别是 PID 算法)及其应用。

针对上述智能车竞赛的知识、技术和技能要求,创新实验室需要对智能车

图 10-2 智能车竞赛赛场

参赛队员进行强化培训。智能车制作培训进度表如表 10-1 所示。

表 10-1 智能车制作培训进度表

任 务	目 标	检测方法
单片机原理	掌握单片机的原理、接口应用	
嵌入式系统设计	掌握嵌入式系统的原理和应用	
C 语言编程	掌握算法及 C 语言编程	
Altium Designer 使用教程	掌握印制电路板的设计和制作技术	
不同赛车组别分别阅读上届智能车相应的技术报告	结合上届的车模实物,了解智能车硬件的基本构件、软件基本模块	
安装 CodeWarrior 软件,学会该软件的使用	建立工程,在此环境下编译、运行程序,以及进行简单的仿真	
学习飞思卡尔比赛指定的单片机,特别是理解和掌握各接口的作用	初步了解单片机的最小系统、各个引脚的基本功能,暂时不必看原理和复杂部分	由老队员对新队员进行考核
了解驱动模块电路的组成和功能,PWM 模块的功能及应用	通过编写简单的程序控制电动机正反转,并实现电机转速的变化	简单演示老师检查
学习 ECT 模块	学会使用 ECT 模块按照需要设定定时时间的长短	

任 务	目 标	检测方法
阅读智能车技术报告和小车代码,学习小车电源和检测模块电路	了解电源模块的输出接口,以及检测模块接口	
协助做小车硬件的同学完成小车各模块的设计和制作,学习上届的算法,设计小车的算法和程序	测试电源、传感器、驱动等模块的功能是否达到预期效果,设计小车的开环运行程序,并设计小车的闭环运行程序	简单演示,相互检查
编写小车运行程序,调试赛道运行程序;调整算法	调试小车,修正小车的硬件和运行程序,使小车能不出赛道跑完全程	校内赛
调试小车运行	调试小车,修正运行程序,使小车能不出赛道稳定跑完全程	校内赛

(1) 小车制作。

智能车对机械、自动控制、单片机及嵌入式系统、编程和算法等知识和技能的要求很高。智能车硬件的设计,一定程度上体现了设计者是否具有严谨的设计风格。设计者要从系统的高度确定整车的机械结构,传感器、陀螺仪的放置。在保证电气特性的基础上完成电路原理图设计,在保证智能车整体结构的基础上确立电路板的外形和尺寸,以元件封装、电路布线为基础完成元器件的布局,要保障分立元件、贴片元件的焊接方便,在方便电路板安装和维修的基础上完成小车印制电路板的设计。

小车跑得快,好的机械结构是基础。智能汽车的良好机械结构是:

① **重心低**。设计良好的智能车机械结构,最重要、最基本的是小车重心低,可以说重心越低越好。重心低,小车运行稳定。应在小车运行稳定的基础上,再考虑提升速度。

② **对称**。小车的机械结构一定要对称。对称的结构能保证重心处于中央位置。智能车的轮子要保证装配对称,舵机要安装在对称的位置,摄像头要安装在正中位置,CCD光电传感器的设计和安装要对称,电感的设计和安装也要对称等。

③ **陀螺仪**。陀螺仪是平衡小车最关键的设备之一,其作用是保证小车的站立和运行平衡。陀螺仪必须设计和安装在小车对称的正中位置。陀螺仪若没有安放正,小车无法保持站立和运行的平衡。

④ **硬件制作**。在保证智能车整体结构优良的基础上,完成小车各部件的制

作和安装。所有焊接部位要做到没有虚焊点,小车的运行和震动不会导致焊点脱落,要保证电路接触良好、接口牢固。能用螺丝的结构尽量用螺丝固定,螺丝一定要拧紧,不要为了图省事而采用 AB 胶。若有条件、有专业知识,则可以采用 3D 打印技术打印一些配件,这样不论是效果还是创意都更好。

（2）算法和编程。

良好的算法是嵌入式控制系统的灵魂。机械结构及硬件制作完成以后,算法和程序是小车运行稳定和速度快慢的决定因素。

（3）小车调试。

调试在小车硬件组装完成,软件烧进单片机后进行。调试的目的和要求是达到系统的整体匹配和协调。智能车备赛,大约三分之二的时间都用在小车的调试上。调试分静态调试和动态调试两种。

静态调试主要调试软件功能、供电电路、控制电路、传感器、信号的采集与传输等。

动态调试是让小车反复在赛道上运行,调整控制参数或控制算法。

一位参赛选手的体会是:"在整个智能车的制作过程中,大部分时间用于调试。调试是一种极度考验耐心的工作。在调试过程中遇到问题,首先要快速定位问题,找到问题的根源;其次要准确地表述问题;接着寻找能够解决该问题的所有可能方案,在这些方案中确定一个简单可行的方案,并立即实施。"

"参加各种比赛的实验作品承载了自己的思想,完成一件作品不是一朝一夕的事,那是一场耐心与智慧的较量,更是一种挑战。"

智能车设计和制作,一般设高、中、低速 3 挡或 5 挡。赛车手进场第一次试跑时,可以将小车调为高速挡进行试跑;若第一次试跑失败,则应将小车向下调速,保险的做法是直接使用低速挡跑,以保证获得奖项。拿到等级奖项后,下午的竞赛再使用高速挡或次高速挡,以争取获得更好的竞赛成绩。

另一位参赛选手的总结是:"智能车竞赛,技术重要,心理承受能力也很重要,要能快速应对赛场出现的突发情况,及时调整策略。"

"当时因为小车在学校时跑得很好,因此速度调得比较快,但是,小车换了场地就出问题了。第一次试跑小车冲出跑道后,我只将速度挡向下调了一挡,如果当时求胜心没那么强烈,将速度直接调到最低挡,就不至于只拿一个优胜奖了。小车两次冲出赛道时,自己就有点懵了。"

10.3.3　电子设计竞赛

全国大学生电子设计竞赛 Logo(见图 10-3)是教育部倡导的大学生主要学科竞赛之　。该竞赛有助于提高高等学校的素质教育;培养大学生的创新意识和实践动手能力、团队协作的人文精神和理论联系实际的学风;提高学生工程实践素质、电子设计制作能力。全国大学生电子设计竞赛的内容既有理论设计,又强调实际制作和学术论文的撰写。全国大学生电子设计竞赛是各类大学生学科竞赛中难度最大、技术水平要求最高、最能锻炼大学生综合素质的竞赛项目之一。

图 10-3　全国大学生电子设计竞赛 Logo

电子设计竞赛力求培养参赛选手科学的学习方法、动手能力、团队协作精神和论文的写作能力。论文的要求如下。

第一步:提出问题和假设。

第二步:根据提出的问题搜索、查找数据。

第三步:分析、检验问题假设的真伪。

第四步:根据分析检验的结果作出解释,若结论证伪了假设,应求答为什么错了;若结论验证了假设,也应求答为什么。

第五步:撰写实验报告或论文。

全国大学生电子设计竞赛国赛(逢单)每两年举办一次,间隔中的一年(逢双)为各省自行举办的省级赛。全国大学生电子设计竞赛(以下简称电子设计竞赛)的规则是:每支参赛队由 3 人组成,竞赛期间参赛者与外界相对隔离。竞赛期间参赛队员可以查阅资料,可以上网(不得与非本组成员交流)。竞赛成绩分理论(论文)和实践(电子作品)两部分,理论部分占 50 分,实践部分占 100 分。竞赛从第一天早晨 8:00 开始。8:00 接收并选择赛题,各参赛小队选定赛题以后,在接下来的 4 天 3 晚时间内(第 4 天 20:00 止),应完成所选赛题电子器件(作品)的制作,同时完成该作品论文的撰写。作品和论文应提交到组委会指定的地点封存,再按组委会规定的时间,参赛队员到指定地点完成作品和论文的测试和评审。

1. 赛题

电子设计竞赛赛题涉及的类别有电源与信号源类、仪器仪表及放大器类、数据采集与处理类、高频电子线路(无线电)类、控制类、互联网+、超高频及光学红外器件应用类等。

2. 培训

创新实验室需要对参加电子设计竞赛的队员进行强化培训。培训所涉及的知识和技能主要有以下 3 方面。

(1) 课程知识。

电子设计竞赛应重点掌握的课程有"模拟电子电路""电路分析""数字电路""高频电子线路""单片机接口原理及应用""C 语言""嵌入式系统原理及应用"等。

(2) 技能。

电子设计竞赛应重点掌握如下技能。

- 电子电路的分析和设计;
- 元器件的选用和焊接技术;
- 印制电路板的设计和制作技术;
- 各类传感器的使用;
- 单片机编程(C 语言为主)。

（3）论文撰写。

参赛队员必须严格按规定的论文格式撰写论文。为了保证论文撰写的质量,参赛队员赛前应学习电子设计竞赛论文的范文,赛队中应有一人赛前按规范格式试写过这类论文。具体来说:

- 严格按竞赛组委会规定的格式撰写论文。
- 论文中涉及的相关公式和图片不能少,如系统设计框图、电路原理图、仿真结果图、测试数据图、表等。
- 论文应该采用规范术语(不要随意制造只有自己才懂的术语)。

一位老参赛队员的体会是:

首先修改文字内容,如何将主题表达得更清晰、明确,这很重要;

其次修改语句,注意主语、谓语、宾语、定语、状语、补语的使用,文件改的都是红色横线和小圈圈,要求很高,印象比较深的就是"的""地""得"的修改。

接着对格式、排版进行修改,如大标题、小标题内容等应该用什么字体,字号多少,段落缩进情况等。

最后修改标点符号,该用分号的绝不能用句号……至此,我是麻木的,因为在我看来早已满足要求了,可是,将最后一版跟第一版对比,还真是大相径庭。

3. 竞赛

（1）元器件清单。

竞赛组委会提前一周下发竞赛的元器件清单。利用这一周时间,一定要仔细研讨元器件清单,从中把握竞赛赛题的方向(猜题目),准备一些电子模块以备竞赛使用;搜集一些相关资料,以备竞赛查用。

（2）确定赛题。

拿到赛题后,根据自己(竞赛小队)的特长选择赛题。

（3）分工。

参赛小队的队员要有分工,但不能分家。分工的目的是尽量发挥每个队员的最大潜能,这应该在团队协作的基础上完成。队长要做好本小队内部以及与其他小队的协调工作,3名队员要相互知道对方的进度,要处理好各模块之间的匹配与链接。

（4）电子作品制作。

各参赛队的赛题确定以后，应立即进入印制电路板的设计和制作流程。硬件电路的设计和软件的设计应同步进行。遇到困难和挫折，保持学术上的争论，但队员之间不能互相指责，应该齐心协力解决问题。

下一步是硬件制作。在完善电子电路设计的基础上，机械连接应稳固，焊接要做到没有虚焊点，要保证电路的接触良好，要尽力设计好、制作好作品的外观。作品打包，要做好作品的包装，以防作品在运送过程中出现意外。

（5）调试。

电子电路的调试是一项既要细心，又考验技术水平的工作。调试一般分为两步：

① 边安装边调试（部件级）；

② 全部安装完毕后进行系统调试。

调试操作一般包括以下 5 步。

① 通电前，仔细检查作品，特别要仔细检查作品中是否有可能造成短路的金属器件。

② 在保证不会有意外发生的情况下，通电检查。

③ 单元电路测试（部件测试）。

④ 整机联调（系统测试）。

⑤ 做好测试的各项记录。

（6）测试。

现场的测试和答辩要做最坏情况的思想准备，但向最好的测试结果努力。对赛题中规定的各项功能，能完成一个就努力做好一个，测试时仔细认真地完成该项功能的测试，即努力拿取每一项的功能分值。

电子设计竞赛的赛程非常紧张。参赛队员的体会是：竞赛开始后，就没有时间休息了，这时想睡也睡不着。连续工作 20 多小时以后会感到很累，一般也就趴在桌子上休息一会儿。指导教师一定要注意参赛队员的身体情况，若发现他们太累了，则应指导采用三人轮流休息的方式。一个人休息，两个人工作，一段时间后轮换。竞赛前一天，参赛队员一定要好好休息；竞赛第一天主要做作品制作的准备工作;第二天可以进行简单的休息;第三天和第四天,每个队员都处于竞赛作品制作及论文撰写的紧张状态,不会有心思睡觉,也睡不着。在这种状态下,应在注意身体的前提下拼搏竞赛。

10.3.4 计算机设计竞赛

中国大学生计算机设计大赛属综合类竞赛,其指导思想是激发大学生学习计算机知识、技能的兴趣和潜能,锻炼和培养大学生运用信息技术解决实际问题的综合能力。当前,大部分学科竞赛都是理工科的竞赛项目,文科类的竞赛赛项很少。该项竞赛原称"中国大学生计算机设计大赛(文科)",是原教育部高等学校文科计算机基础教学指导委员会创办的一项竞赛,如图 10-4 所示。

图 10-4 中国大学生计算机设计大赛

中国大学生计算机设计大赛为作品赛。竞赛涉及的知识面很广,参赛同学可从多种竞赛大类中选择适合自己兴趣、特长和爱好的赛项(小类)。

1. 赛项

中国大学生计算机设计大赛赛项(每个大项中含诸多小项)如下。

(1) 软件应用与开发;

(2) 微课与教学辅助;

(3) 物联网应用;

(4) 大数据应用;

(5) 人工智能应用;

(6) 信息可视化设计;

(7) 数媒静态设计(主题:×××);

（8）数媒动漫与短片（主题：×××）；

（9）数媒游戏与交互设计（主题：×××）；

（10）计算机音乐创作（主题：×××）；

要求：所有参赛作品都必须为原创作品，凡与已发表的作品相似或近似的作品均不得参赛。无论何时，一经发现查实涉嫌抄袭、剽窃等违规行为的参赛作品，大赛组委会将立刻取消该作品的参赛资格。若作品已获奖，则取消该奖项，并在大赛官网上公布其作品号、作品名、作者姓名、指导教师姓名及所在院校。

2. 知识和技能

中国大学生计算机设计大赛强调计算机基础知识的掌握，涉及的知识面很广。

（1）课程知识。

大赛涉及的课程主要包括"计算机应用基础""软件工程""C语言编程""计算机网络""AI""大数据"等。

（2）技能。

参加中国大学生计算机设计大赛，应重点掌握如下技能。

• 演讲技巧。

• 文档的组织与论文的撰写能力。

• 影视拍摄技术。

• 影视后期制作技术。

• 各种应用软件的使用，主要有网页设计与制作、Photoshop、CorelDRAW、Maya、3ds Max（三维动画软件）、AE、Combustion（特效合成软件）、Final Cut Pro、PR（后期剪辑软件）、Premiere、DPS Velocity、Avid（剪辑软件）等。

• 电子游戏的设计。近年来，电子游戏（包括手机电子游戏）的设计是该项大赛热门的赛项之一。加利福尼亚大学伯克利分校的一份研究报告指出，电子游戏能够改善手眼协调的能力，提高解决问题的能力，增强推理能力、图像识别能力、判断能力、假设检验能力、资源管理能力、快速思考和反应能力，提高记忆力、空间感知能力和决策能力。应该正确地引导电子游戏的设计及其娱乐。

3. 作品

一件成功的作品要有给人（评委）眼前一亮的感觉和效果。作品中最有效的眼前一亮，应该是作者的创意在作品中的表达和体现，即一件作品（或一篇文章）一定要有一个或两个亮点，要有高潮起伏。作者要围绕自己的创意完美地进行表述和发挥。

该赛事注重作品的创意，对作品的评审主要从"创、量、健、技、美"五大方面考量。

创意：注重作品是否有创意。

质量和数量：在保证质量的前提下，作品的内容需要有一定的数量，特别是平面数字媒体类作品，多张作品最好形成具有内涵的一个系列。

健康：作品的内容应积极向上。

技术：包括编程在内的计算机应用技术，最新软件的应用，创新技术的运用等。

美：包括自然美和人为美。

现场答辩：答辩现场，每个评审小组有5位评委参加评审。

志愿者根据各参赛队的抽签顺序依次让作品的作者进入答辩室答辩。每组作品答辩的时间为20分钟，前10分钟由答辩人员演示作品，解说作品的优点和亮点，后10分钟由5位评委向答辩人员进行提问和品评。答辩人员应该在10分钟内把自己作品的创意和亮点向评委展示出来。所以，应尽量避免讲解不相关内容。

评委必须在短短的10分钟时间内完成作品的审视，找出作品可能存在的优点、亮点，以及作品可能存在的问题，完成作品打分。可见，评审过程也是对评委水平的考核过程。更重要的是，评委应确定参赛作品是否为抄袭作品，以及是否为一稿多投的作品。

当然，作品获奖的公示过程是抄袭作品和一稿多投作品更为有效的防范和检查方法。

评委对作品检查、提问的重心问题主要包括以下几方面。

参赛规则中明令禁止的内容；

参赛规则中严格要求的内容；

强调作品的自创性和创意性；

严格防范和审核作品是否存在抄袭；

作品的制作时间,应在大赛规定的时间限制范围内；

重视作品中可能存在的概念性、技术性错误,如作品中的流程图、原理图、电子档保存的日期和时间；

作品的系统架构、算法及应用是否合理；

作者对工具软件的应用水平；

重视作品的功能是否完整、运行是否流畅,作品的界面设计、用户界面设计是否合理、美观；

作品是否具有内涵；

作品中的亮点(吸引人眼球的亮点)；

作品是否具有实用价值和推广价值；

作品是否为科学性与艺术性的完好结合；

作品中的人物动势、色彩搭配、光线、图形比例等处理是否合理；

是否提交了完整的自创性素材、源代码或部分源代码(若涉及专利和知识产权保护,则应有说明)；

作品的文档是否完整,

作品中的引用是否注明了出处；

软件应用与开发类作品要求系统设计合理,风格独特,技术应用新颖、熟练,业务功能明确,辅助功能匹配、具有应用价值,程序运行稳定,作品、源代码、设计文档完整。

网站类作品应能在公网打开、运行顺畅,后台设计及运行良好。

虚拟实验类作品要求实验教学目标明确、有应用价值,技术应用新颖、有功能特色,试验数据和作品迭代过程客观真实,作品、代码和设计文档完整。

数媒类作品要求选题符合大赛主题,视角独特,架构设计、方案实施、艺术表现等创新创意强,作品诠释主题的角度和艺术手法合理,技术与艺术融合娴熟,作品、素材、文档提交完整。

微电影类作品应符合大赛主题,重视剧本的创作,制作要点明确,作品完整、新颖、科学;作品的功能效果应构思精巧、制作精良,注意表现细节和背景,技术与艺术要融合娴熟,强调原创,素材、文档提交完整。

微电影、数字短片、纪录片的区别如下。

时长:微电影的概念时间一般为 30~300 秒,短片、纪录片的概念时间一般在 40 分钟内。从大赛评审和答辩的角度:微电影、短片、纪录片的时间控制在 8 分钟内为好。

故事性:微电影的故事性强,情节要完整;短片的内容和范围比较宽广;纪录片要以真实生活为创作素材,以真人真事为表现对象,以电影或电视艺术加工为展现,核心是真实性。

信息可视化设计类作品应主题突出,满足"美观、清晰、实用"三个基本指标;创意新颖,视角独特,有艺术表现创意;艺术性、技术性、可用性和完整度四大方面呈现出信息可视化设计的丰富层次性与趣味性;设计方案和过程完整、明确、合理,功能完整,界面和数据呈现流畅,设计文档、素材提交完整。

交互设计类作品符合大赛主题,结构紧凑完整、强交互性、非线性(实时、多态、非线性);跨学科、前瞻性架构设计、方案实施,艺术表现有创意;趣味性、现场性、多媒体性(声音、光线、影像等)强,设计文档、源代码提交完整。

微课、课件类作品教学目标设定合理,能启发思维,重点、难点突出;教学内容严谨,选题、设计新颖,教学风格创新;技术手段丰富,运用合理,体现计算机信息技术为教学服务,文档、素材提交齐全、完整。

物联网类作品应用创新突出,作品设计特色显明,功能完善,有实用价值;功能设计、技术实施完善、娴熟;设计文档、源代码提交完整。

4. 参赛

中国大学生计算机设计大赛依靠的对象是大学生,只有大学生的积极参与,大赛才有生命力。

① 组织好赛队。由对中国大学生计算机设计大赛赛项内容某方面有兴趣的学生组成参赛队。从作者的经验看,若有两位学生同时具有某方面的特长,最好不要将这两位学生组合在一支参赛队中,应引导他们分别组合其他同学,组成两支参赛队参赛。

② 赛项和赛题。在指导教师的配合下由参赛队自由选择,一般根据参赛队主队员的特长选择赛项和赛题。

③ 主导思想。围绕创意设计好作品。

④ 赛项和赛题确定以后,应进行调研。作品应有内涵,以其背后的历史文化和社会背景为支撑。调研的方式主要是查阅书籍、论文,实地考察,网络问卷等。

⑤ 剧本。在调研的基础上形成作品的蓝本。作品的蓝本(剧本)是作品的灵魂,一定要集中精力写好它。有一个好的、有创意的蓝本,竞赛的成功率会超过 60%。

⑥ 技术。中国大学生计算机设计大赛强调作品原创,鼓励创新技术的应用。在蓝本的基础上,作品的创作是参赛队员动手能力的具体体现。媒体类的作品,如摄影、手绘、书法、漫画等综合运用技能能够充分体现自己的技术实力。作品的制作要充分发挥团队协作的力量,要充分发挥每个成员的专业优势、兴趣优势和主观能动性。

⑦ 文档。写好作品的文档,整理好作品的原创素材。

⑧ 提交。完成原创作品、素材等的提交;网站类作品要保证能在公网打开和顺畅运行。

5. 答辩

做好答辩前的准备,以保证答辩成功。答辩注意事项如下。

① 注意礼貌;

② 答辩的主体是作品演示,一定要保证在答辩要求的时间内完成作品演示,不要让讲解耽误在规定时间内应完成的作品演示;

③ 作品的讲解主要从创意来源、设计方案、团队介绍、作品优势几方面进行。主讲人员应向评委专家重点介绍作品及其设计思路的亮点和优点,讲解的条理一定要清晰;

④ 其他人员可进行补充讲解,应注意必须与主讲人员的观点保持一致;

⑤ 不要以争辩的方式回答评审专家的提问。

思 考 题

1. 为什么犹太民族能够源源不断地涌现出创新人才？

2. 如何满足和保持幼儿的好奇心？

3. 为什么说学科竞赛是一杆公平衡量大学生在校学习效果和创新能力的尺子？

4. 你对创新实验室、学科竞赛有什么样的认识和感受？

5. 你认可创新实验室选拔队员的三要素吗？

6. 什么是通用计算机应用？什么是嵌入式计算机应用？

7. 你认可电子设计大赛是最能锻炼大学生综合素质的竞赛项目吗？

8. 为什么说一件成功的作品要有给人(评委)眼前一亮的感觉和效果？

9. 试写出参加竞赛、答辩的体会。

参 考 文 献

［1］ 爱因斯坦.爱因斯坦文集(第三卷)［M］.许良英,译.北京:商务印书馆,1979.

［2］ 周苏.IT 创新思维与创新方法［M］.北京:中国铁道出版社,2016.

［3］ 陈海洋,杜同选.计算机科学技术创新传奇［M］.北京:清华大学出版社,2001.

［4］ 沃尔特·艾萨克森.史蒂夫·乔布斯传［M］.管延圻,魏群,译.北京:中信出版社,2011.

［5］ 胡适.胡适自述［M］.武汉:华中科技大学出版社,2014.

［6］ W.伯纳德·卡尔森.特斯拉:电气时代的开创者［M］.王国良,译.北京:人民邮电出版社,2015.

［7］ 米山公启.海马记忆训练［M］.海口:南海出版社,2007.

［8］ 托马斯·K.麦克劳.创新的先知:熊彼特传［M］.陈叶盛,周端明,蔡静,译.北京:中信出版社,2010.